DATE DUE

JA 11 74 AP 26 '85		
NO 8 74		
DE 13 74 FE 8 92		
FE 16 MY 29 92		
DE 15 75 MR 1 94		
E 2 '79		
OC 17 80 NO 26 '97		
84		
OC 31 '80		
AP 17		
OC 23 '80		
JE 3 '83		

RIVERSIDE CITY COLLEGE
LIBRARY
Riverside, California

DENCO

CON CUBA

CON CUBA

AN ANTHOLOGY OF CUBAN POETRY OF THE LAST SIXTY YEARS

EDITED BY NATHANIEL TARN

IN 1968

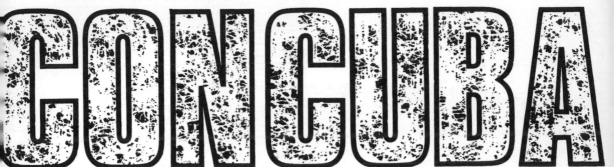

CON CUBA

CAPE GOLIARD LONDON

S.B.N. Cloth: 206.61562.0
       Paper: 206.61561.2

Lib. of Cong. No. 69.10411

TABLE OF CONTENTS

I have been about, recently, in a number of countries where poets appear to enjoy greater esteem than they do in the West. There was a time, before August this year, when, talking with poets in Russia and Czechoslovakia, it seemed that poets at least are everywhere in agreement on what they want out of life. From San Francisco to Tokyo they were all holding hands. Earlier, it had been Cuba, where poets are as abundant as trees and books as leaves. Then, with the events in Prague, everything went dark again and Cuba itself looked as if it might be losing its way. It cannot be said often enough that those who are likely to suffer most under repression are precisely the poets for, despite appearances, it is the poets who are beginning to understand government better than anyone else. In the old days, miners would keep caged birds down in the mines. If gas escaped, the miners would know because the birds were the first to die. Now there are signs that the battle between bureaucrats and poets persists in Cuba. I want to say for myself that I am *Con Cuba* only as long as Cuba is with every one of the poets who, as there is reason to believe, are among its warmest admirers and most inspired interpreters. I am sure that poets everywhere will understand such a concern.

This book grew haphazardly out of a journey to Cuba and the desire to share a number of poems one had discovered and read with pleasure. It begins just after the internationally famous father of modern Cuban verse – Nicolás Guillén, who continues, of course, to write and publish to this day. It is not designed to be fully "representative", a number of good writers have been unavoidably omitted and no ranking is implied in the number of poems chosen from any one writer. In part, the selection was determined by the availability of books and of members of the oppressed race of translators. Their choice of poems in the books submitted to them was for the most part their own. With the kind permission of Margaret Randall, the admirable editor of *El Corno Emplumado* (Mexico), we have taken a good part of the selection from no. 23 of that magazine which was entirely devoted to Cuba. For the rest we have to thank generous authors and organizations like the *Casa de las Americas,* the *Unión de Escritores* and the *Instituto del Libro* in Havana. To all these, and especially to Eliseo and Cintio; Pablo Armando and Fayad; Heberto and Luis; Miguel and Belkis; Roberto, José, Edmundo and Maria Rosa, as well as Margaret, this labour is affectionately dedicated.

Nathaniel Tarn
October 1968

NOTE: To avoid misunderstanding, I should perhaps point out that a few poems are re-translations. I obtained the originals in periodicals or books which featured unsatisfactory translations of these texts. I have chosen a small number of my versions from poems in the large *Poesia Cubana 1959-66,* Instituto del Libro, Havana, 1967. Offered the English or French version of this anthology, I chose the latter so that I did not see the English versions by other translators before doing my own. I have in no way re-edited the *Corno Emplumado* pieces, nor the Cuban texts themselves, even on the few occasions when these might have been defective.

Short biographical notes on all these poets can be found in *Poesia Cubana* and/or *El Corno Emplumado 23* so that I have not felt it worthwhile to repeat them here.

PORQUE AMAMOS LA VIDA

¡Porque amamos la vida,
podemos pelear hasta la muerte!

Queremos que se sepa,
que se comprenda bien, que nadie ignore
que estas nueve palabras las llevamos
circulando en la sangre, nos viajan
por todo el cuerpo, entran al corazón y las repite
su sorda voz profunda cada día.

¡Porque amamos la vida,
podemos pelear hasta la muerte!

Queremos que se sepa,
que nos escuchen bien todos los hombres de la tierra
Todos aquí llevamos esas nueve palabras
escritas en la frente,
flotando en las pupilas, albergadas
en los nidos cerrados de los puños.

Queremos que se sepa:
¡Aquí nadie está ciego!
Aquí nadie camina con los ojos cerrados,
nadie va tanteando en las tinieblas,
nadie se llama Ulises, no hay sirenas.
Aquí todos sabemos el camino
y el precio de la meta.
Aquí todos decímos:

> —Porque amamos la vida,
> porque amamos
> todo lo que hemos acariciado,
> lo que ha sido por eternidades alquimia de los sueños,
> y aquello tan cercano, tan propio, indisoluble
> de nuestra sangre, júbilo limitado
> a un nombre y unos pocos apellidos,
> el amor, la costumbre de unos ojos,
> tan misteriosamente acordados
> con lo latidos del corazón,
> podemos pelear hasta la muerte.

Queremos que se sepa,
que se comprenda bien, que nadie ignore
que aquí todos decimos:

> —Porque amamos la vida,
> proque amamos
> la luz de un patio, el sol en un alero,
> aquella rama torcida del naranjo
> junto al pozo,
> el empedrado humilde de una calle sin nombre
> tan lejana,
> que ha entrado ya en la fábula del alma,
> podemos pelear hasta la muerte.

BECAUSE WE LOVE LIFE

Because we love life
we can fight to the death

We want it to be known
to be well understood, so that no one is mistaken
that these words circulate in our blood
and course through our bodies and into our hearts
where they are repeated day after day
in voices muffled and profound

Because we love life
we can fight to the death

We want it to be known
we want everyone on earth to listen to us carefully
and know that every person here carries
these ten words written on his forehead, floating
in his pupils, sheltered
in the nests of his clenched fists

We want it to be known
that here no one is blind
here no one walks with his eyes closed
nobody stumbles around in the darkness
or calls Ulysses; there are no sirens
here we all know the way
and the price of the passage
here we all say

> because we love life
> because we love
> everything we have caressed
> that which has existed
> for eternities (the alchemy of dreams)
> and those things which are so close
> so much our own, undiluted
> in our blood, the jubilation
> limited to a certain name
> or a few family names
> the cultivated manners
> which are so mysteriously congruent
> with the pulse of our own hearts,
> we can fight to the death

We want it to be known
to be well understood, so that no one is mistaken
that here we can all say

> Because we love life
> because we love
> the light of the patio, the sun on the eaves
> that twisted branch of the orange tree
> beside the well
> the humble stones of a nameless street
> so distant that it seems to enter
> into the mythology of the soul.
> We can fight to the death

Queremos que se sepa,
queremos que lo escuchen
todos los hombres de la tierra:
¡Aquí nadie está ciego!
Aquí todos sabemos

       -Sabemos, sí, sabemos
       que puede en un momento quebrarse el hilo tenue
       que devanan las horas pequeñas de una vida,
       ignorada y banal, mínima, ajena, para los otros,
       solitario universo, territorio entrañable, nuestro.
       Y todo, todo, en el juego azaroso y cruel
       quedar de pronto expuesto
       a ser perdido.

Lo sabemos,
Aquí nadie camina con los ojos vendados.
Aquí nadie está ciego.
Aquí todos tenemos el oído
atento al propio corazón.
Suya es la voz que ordena y nos dirige,
es suya la consigna que escuchamos:

       -Porque amamos la vida,
       porque amamos

       lo que las nuevas manos,
       alfareras alegres, construyen y edifican,
       sin pensar que lo hacen para aquellos
       que no han nacido todavía,

       hasta la muerte juntos pelearemos
       por defender la vida

We want it to be known
We want everyone on earth to listen
Here no one is blind
Here we all know

        We know, yes we know
        that it is possible to snap
        the slender wire that strings together
        life's small moments . . . unknowing
        and banal, insignificant, alien
        belonging to others . . . here
        in this solitary universe
        a nostalgic territory, our own.
        All this, in a game
        both fateful and cruel, can be
        suddenly exposed and lost

We know
here no one walks with his eyes closed
here no one is blind
here we all have our ears tuned in
to the beating of our hearts.
That is the voice that orders and directs
and gives us our sentence

        Because we love life
        because we love
        things that happy hands
        create and build
        without thinking that it is all
        made for those who
        have not yet been born

        To death we will fight
        to defend life

Lionel Kearns

'DIME, PREGÚNTAME'

Dime, pregúntame, susurra, di la brisa.
Se acerca su inconfundible:
¿qué has hecho en la mañana?
Mi cara cerrada en el centro de lo lívido,
¿y entonces ¿cómo estás del pecho?
¿Has tenido algún disgusto en el trabajo?
Te preocupas mucho, recuerdate de tu padre
que se murió tan joven,
esas son las cosas que tienen importancia,
lo demás es pasajero, lo demás es poco,
¡muy poco, ¡tan poco!
¿Cómo comprender, entonces, la infinita numeración de la muerte?
Cómo ella se pega al pez de cabeza resbalante,
a lo que se escapó antes de que el pañuelo se abriese.
El momento en que llega la muerte a la amistad,
aunque la amistad sigue su incesante caminata,
pero al llegar a la esquina una frase es de la muerte,
al discutir una palabra silbó la flecha de la muerte.
Cada uno de los amigos se queda en su casa con la muerte.
¿Y el amor? La manera de repasar una garganta
con los dientes o con la saliva fría que no dice
y se extiende como la astilla morada de las ruinas.
Cuando el día comienza con el amanecer de las abejas
o la noche se extiende para morder el mantel del mediodía,
es la mitad amistosa, la mitad y la sombra del amor,
los días suenan incompletos, las nubes sin sabor.
Pero un día la muerte recobra el absoluto de su oleaje,
y su ola lenta reina en la extensión de nuestra espalda,
entonces comprendemos que la amistad estaba muerta y el amor se extinguía.

'TELL ME, ASK ME'

Tell me, ask me, whisper, tell me the breeze.
Her unmistakeable minion approaches:
What did you do this morning?
My face closed in the livid centre,
and then: How's your chest?
Have you had some setback in your work?
You worry so much, remember your father
who died so young,
these are the important things,
the rest is fleeting, the rest is little,
very little, so little!
So how to understand the infinite calculation of death?
How she attaches herself to the fish with a slithering head,
to what escaped before the handkerchief opened.
The moment death comes to friendship,
though friendship persist in its interminable march,
a corner reached – one phrase is death's;
one word being queried, death's arrow whistles.
Each of the friends stays home with death in the house.
And love? A way of going over the throat again
with one's teeth, or the silent, cold saliva
which spreads like the purple splinter of ruins.
When day begins with the waking of bees
or night reaches out to nibble at noon's tablecloth,
it is the midpoint of friendship, the centre and shadow of love,
the days strike short, the clouds seem tasteless.
But one day death recovers her absolute tides,
and her slow wave rules along the stretch of our spine,
and we understand that friendship was dead and love was going out.

UNA OSCURA PRADERA ME CONVIDA

Una oscura pradera me convida,
sus manteles estables y ceñidos,
giran en mí, en mi balcón se aduermen.
Dominan su extensión, su indefinida
cúpula de alabastro se recrea.
Sobre las aguas del espejo,
breve la voz en mitad de cien caminos,
mi memoria prepara su sorpresa:
gamo en el cielo, rocío, llamarada.
Sin sentir que me llaman
penetro en la pradera despacioso,
ufano en nuevo laberinto derretido.
Allí se ven, ilustres restos,
cien cabezas, cornetas, mil funciones
abren su cielo, su girasol callando.
Extraña la sorpresa en este cielo,
donde sin querer vuelven pisadas
y suenan las voces en su centro henchido.
Una oscura pradera va pasando.
Entre los dos, viento o fino papel,
el viento, herido viento de esta muerte
mágica, una y despedida.
Un pájaro y otro ya no tiemblan.

AN OBSCURE MEADOW LURES ME

An obscure meadow lures me,
her fast, close-fitting lawns
revolve in me, sleep on my balcony.
They rule her reaches, her indefinite
alabaster dome recreates itself.
On the waters of a mirror,
the voice cut short crossing a hundred paths,
my memory prepares surprise:
fallow deer in the sky, dew, sudden flash.
Without hearing I'm called:
I slowly enter the meadow,
proudly consumed in a new labyrinth.
Illustrious remains:
a hundred heads, bugles, a thousand shows
baring their sky, their silent sunflower.
Strange the surprise in that sky
where unwillingly footfalls turn
and voices swell in its pregnant centre.
An obscure meadow goes by.
Between the two, wind or thin paper,
the wind, the wounded wind of this death
this magic death, one and dismissed.
A bird, another bird, no longer tremble.

LLAMADO DEL DESEOSO

Deseoso aquel que huye de su madre,
Despedirse es cultivar un rocío para unirlo con la secularidad de la saliva.
La hondura del deseo no va por el secuestro del fruto.
Deseoso es dejar de ver a su madre.
Es la ausencia del sucedido de un día que se prolonga
y es a la noche que esa ausencia se va ahondando como un cuchillo.
En esa ausencia se abre una torre, en esa torre baila un fuego hueco.
Y así se ensancha y la ausencia de la madre es un mar en calma.
Pero el huidizo no ve el cuchillo que le pregunta,
es de la madre, de los postigos asegurados, de quien se huye.
Lo descendido en vieja sangre suena vacío.
La sangre es fría cuando desciende y cuando se esparce circulizada.
La madre es fría y está cumplida.
Si es por la muerte, su peso es doble y ya no nos suelta.
No es por las puertas donde se asoma nuestro abandono.
Es por un claro donde la madre sigue marchando, pero ya no nos sigue.
Es por un claro, allí se ciega y bien nos deja.
Ay del que no marcha esa marcha donde la madre ya no le sigue, ay.
No es desconocerse, el conocerse sigue furioso como en sus días,
pero el seguirlo sería quemarse dos en un árbol,
y ella apetece mirar el árbol como una piedra,
como una piedra con la inscripción de ancianos juegos.
Nuestro deseo no es alcanzar o incorporar un fruto ácido.
El deseoso es el huidizo
y de los cabezazos con nuestras madres cae el planeta centro de mesa
y ¿de dónde huimos, si no es de nuestras madres de quien huimos
que nunca quieren recomenzar el mismo naipe, la misma noche de igual
                                    ijada descomunal?

SUMMONS OF THE DESIRER

Full of desire is the man who flees from his mother.
To take leave is to raise a dew for civil marriage with the saliva.
The depth of desire is not measured by the expropriation of the fruit.
Desire is to cease from seeing one's mother.
It is the uneventfulness of a day which prolongs itself
and it is night that such absence goes driving down into like a knife.
In this absence a tower opens, in that tower a hollow fire dances.
And thus it widens out and the absence of the mother is a sea at rest.
But the fugitive fails to see the questioning knife:
it is from the mother, the shuttered windows, that he is escaping.
What has gone down into old blood sounds empty.
The blood is cold when it goes down and is far flung in circulation.
The mother is cold and has served her time.
If death is responsible, the weight is doubled and we are not set free.
It is not through the doors where our own loss looks out.
It's in a clearing, through which the mother keeps on walking but no longer
                                                  follows us now.
It's through a clearing: there she blinds herself and leaves us well.
Alas for him who walks that path no longer where the mother no longer
                                                  follows him, alas.
It is not self-ignorance, self-knowledge continues to rage as in her time,
but to follow it would be to burn *à deux* in a tree,
and she hungers to clap eyes on the tree like a stone,
a stone inscribed with the rules of ancient games.
Our desire is not to overtake or incorporate a bitter fruition.
Full of desire is the fugitive
and from our head-on collisions with our mothers falls the centrepiece planet
and from where do we flee, if it is not from our mothers that we flee,
that never wish to play these cards again, go through the night again,
                      the night of such unearthly suffering in the sides?

                                                  Nathaniel Tarn

EN LA MUERTE POR FUEGO DE GLADYS, LA JOVEN DE LOS CANARIOS

¿Dónde está el precioso diálogo
que anunciaban los canarios junto al rostro
de la doncella quemada?
                                ¿Hubo algo
más hermoso de oir dentro de la fresca casa,
que el pico rubio trinador
cerca de la boca que nadie protegió?

Las impuras llamas rayaron devorando
a las flautas en su pausa de la delicadeza,
a los cabellos, y al rostro.
Ceñía el fuego
a las sensatas conclusiones deseadas, a las amadas
bocas rosa con canciones de penas
entre los ásperos lauros del anochecer y los cabos
de las soledades . . .
                        Por los rocajes del mar del tiempo
ya dialogan los canarios,
                                simulan silbar.
en la boca entreabierta de la virgen incendiada.
                                        Cantan
en medio de las llamas de la joven carne,
tersa y rosa, crujiendo, chispeando. Maldicen
al azar y su retórica, al escriba, al lector, al estanque
con sus espaldas de verde eterno, y al neblinar nocturno
que va deslizando su baba idílica en las fuentes
mientras el fuego come los muslos dulces
con el oro des carbón maloliente.

ON THE DEATH BY FIRE OF GLADYS, THE GIRL OF THE CANARIES

Where is the splendid dialogue
augured by the canaries beside the
burned maiden's head?
                            Was ever
anything lovelier heard inside the cool house
than the blond beak trilling
not far from the mouth left all unguarded?

The impure flames striated, devouring
the delicate flutes in their pause,
devouring the hair of her head, her face.
The fire encircled
the desirable sensible conclusions, the well-beloved
rose-coloured mouths with grieving songs
between the knotted laurels of night and the loose-ends
of solitude . . .
                        Over the rocks in the sea of time
the canaries are already in dialogue,
                                        they feign a trill
in the half-open mouth of the incendiary virgin.
                                        They sing
amid the flames of the young flesh,
taut and rosy, crackling and sparkling. They defame
chance and its rhetoric, scribblers, readers, the reservoir
with its walls eternally green, the nocturnal mist
whose idyllic drool skids along the fountains
while the fire eats up the sweet thighs
with the gold of malodorous coal.

Anthony Kerrigan

LA CANCIÓN DEL HOMBRE EN LA MUERTE

By SAMUEL FEIJOO (1914)

Cuando pasen las revoluciones sociales sobre el mundo
e implaten su justicia y no haya más hambre
ni crimen de otras hambres, el hombre continuará exhalando
su canción que sube a la vida desde los labios
transitorios donde se ha formado. Extraño destino,
valeroso y claro. Extraño y suave.
Entonces, muchos hombres tendrán paz suficiente
para gozar de la belleza del canto en la belleza que transita
al cambiante mundo
humano, en el arte humano. Y necesitarán cantos
que los acompañen, y gozarán el arte antiguo y nuevo
en su reto a la muerte.
Como todo hombre, el cancionero enfrenta su sombra,
le ha comido niñez, adolescencia, amigos,
padres, días, amores, sueños, entrañas. Entra a ella
mermando en su ilusión, con la fatiga que da
para que no exista violencia de morir, desesperación
por más vida ante la tumba. Entra a ella con el
tesoro inmenso de los sueños de su juventud,
gran manantial despeñado en la alusiones del tiempo.
Fueron estos los días mayores;
llevaba en sí una turbación
inmensa e indecible; jamás pudo cantarla.
Su boca sirve para encender fuegos. Las tardes lo cansaron.

THE SONG OF MAN AT DEATH

When the social revolutions spread over the world
planting their justice, and there's no more hunger
or crimes of other hungers, man will continue to breathe out
his song, that springs to life
from the ephemeral lips that shaped it. Strange destiny,
bright and courageous. Strange and delicate.
Then many men will have sufficient peace
to revel in the beauty of the song, in the beauty that travels
the changing human world, in the human art. And they will need songs
to go with them, and will rejoice
in new and ancient art, in their defiance of death.
Like every man, the singer confronts his shadow;
it has eaten childhood, adolescence and friends,
parents and days, loves, dreams and deeper parts. He enters it
shrinking in its illusion, with the weariness it causes
that violence at death shall not exist. He enters it
with the huge treasure of the dreams of youth,
vast well-spring cast into the hints of time.
These were the greatest days;
within himself he carried an immense
unspeakable confusion. He could never sing of it.
His mouth serves to light fires. The evenings tired him.

Tom Raworth

TODO EL INGENUO DISFRAZ, TODA LA DICHA

El anciano se sienta al sol cada mañana
con todos sus preciosos huesos
bien contados y en orden, su tesoro.

Conmueve al sol aquella ingenuidad antigua
como el rumor de los primeros árboles
pidiendo admiración, respeto, un poco de homenaje

para la frágil sabiduría
que delicadamente ordena los preciosos huesos,

y prestándose con gusto a la farsa
cómo transforma los agotados puños
y el encallecido corazón de las botas.

Si bien más tarde el sol con dedos ágiles
debe recobrar sus llaves, sus monedas,

todo el ingenuo disfraz, toda la dicha,

y lentamente y con prudencia va dejándolo
al fin dormido, a solas con el sueño.

FRAGMENTO

Pero si un niño vence al animal sombrío
de la tarde, al siniestro señor de los rincones,
con un viejo pedazo de madera, descubres

que la luz nos amaba, y que asintiendo
sabiamente los árboles, llenos de antiguo polvo,
nos ofrecen la sombra, sí, la última penumbra,
como quien da un consuelo, una esperanza.

                              (Porque
si el mar de invierno toca la angustia de la playa
como quien dice adiós a lo perdido, lejos

la gaviota inmóvil contra el tiempo deslumbra
como un advenimiento: la sal, la sal tremenda
es la mansión del ángel.)

                    Y si un sueño transforma
las grietas del muro en los sagrados ríos

de donde no se vuelve, una pelota salta
en el sol como el mundo, y es un dios más real
que la salud quien sueña los prodigios, los juegos.

THE WHOLE INGENUOUS DISGUISE, THE WHOLE OF HAPPINESS

The old man sits in the sun every morning
with all his precious bones, his treasure
counted up and in order.

The sun is moved by that old ingenuity
like the noise of the first trees
asking for admiration, respect, a little homage

for the frail wisdom
which delicately ordains the precious bones,

and lending itself with good grace to the farce
transforms the exhausted fists
and the callous heart of boots.

Although later the sun with agile fingers
must recover his keys and coins,

the whole ingenuous disguise, the whole of happiness,

and slowly, prudently goes, leaving him
asleep at last, alone with his dream.

FRAGMENT

But if a child wins out against the gloomy animal
of afternoon, the sinister lord of nooks and crannies,
with an old broomstick, you then find out

that the light loved us always and that the trees,
settling down wisely, laden with ancient dust,
offer us shade, yes, the ultimate penumbra
as one would hold out consolation, offer some hope.

                             (Because
if the winter sea brushes the anguish of the beach
as one would say goodbye to the lost – the unmoving gull

far off on her backcloth of time dazzles
like an epiphany: the salt, the tremendous salt
is the mansion of angels,)

                         And when a dream transforms
the cracks in a wall into holy rivers

from which one does not return, a ball bounces up
against the sun like the world, and it's a god more real
than health who dreams of games, who dreams of prodigies.

EN ESTA SOLA, EN ESTA ÚNICA TARDE

El león ha comido
el tigre ha comido
el elefante inmenso
como la paz ha comido.

        El camello
ha bebido, la zebra
se ha dormido, y el mono
viejo tiene su sitio
en el asombro.

        Mira,
pero el perro que vino
alentando su azoro,
                no ha tenido
sitio en el hambre, sitio
en el sueño, sitio
en el asombro.

        Y es
la criatura que amamos,
escogemos, nombramos,
en esta sola,
en esta única tarde, oh hijo mío.

ON THIS SINGLE, THIS ONE AND ONLY AFTERNOON

The lion has eaten,
the tiger has eaten,
the elephant immense
as peace has eaten.

        The camel
has drunk, the zebra
has gone to sleep, the old
monkey has his place
in our astonishment.

        But look
the dog that came
panting with fear,
            found no
place in hunger, place
in sleep, place
in our astonishment.

        And it is
the creature we love,
we choose, we name,
on this single, this
one and only afternoon, oh my son.

Nathaniel Tarn

RIESGOS DEL EQUILIBRISTA

Allá va el equilibrista, imaginando
las venturas y prodigios del aire.
No es como nosotros, el equilibrista,
sino que más bien su naturalidad comienza
donde termina la naturalidad del aire:
del otro espacio en que se vive de milagro
allí es donde su imaginación inaugura los festejos
y cada movimiento está lleno de sentido y belleza.
Si bien lo miramos qué hace el equilibrista
si no caminar lo mismo que nosotros
por un trillo que es el suyo propio:
qué importa que ese sendero esté volado
sobre un imperioso abismo si ese abismo
arde con los diminutos amarillos y violetas,
azules y rojos y sepias y morados
de los sombrerillos y las gorras y los venturosos
pañuelos de encaje.

      Lo que verdaderamente importa
es que cada paso del ensimismado equilibrista
puede muy bien ser el último de modo
que son la medida y el ritmo los que guían
esos pasos.

      La voluntad también de aventurarse
sin más esperanza de permanencia
que el ir y venir de ayer a luego,
es sin duda otra distinción apreciable.
Sin contar que todo lo hace por una gloria tan efímera
que la misma indiferencia del aire
es por contraste más estable, y que no gana
para vivir de los sustos y quebrantos. El equilibrio
ha de ser a no dudarlo recompensa
tal que no la imaginamos.
      ¡ADELANTE!,
decimos al equilibrista, retirándonos
al respaldo suficiente de la silla
y la misericordiosa tierra: nosotros
pagamos a tiempo las entradas y de aquí no nos vamos.

DIFFICULTIES OF AN EQUILIBRIST

There he goes, the equilibrist, dreaming of
derring-do and prodigies of air.
He's not like us, the equilibrist;
his ease, so to speak, picks up
where air's leaves off, it's up there
he dreams of, finds his pleasure in
that other space where one lives by miracle
and each motion's all precision and grace.
But what is it he does, the equilibrist,
if not just walk, as we do, although along
a path peculiar to himself? And does it matter
that this path soars above an arrogant
abyss if that abyss
blazes with tiny yellows and violets,
blues, reds, sepias, maroons of hats
and caps and occasioneal white flicker
of a lace handkerchief? What is important
is that step the abstracted equilibrist takes
can be the last; only rhythm and precision
guide him

   And, too, the will to walk
along what is now only a thread of life
with no more hope of duration than
going and coming from yesterday to just now –
clearly another appreciable distinction.
And does it all for a glory so ephemeral
that even the air's indifference
is stable by contrast – all his private terrors, his
fracturings, won't earn him a living. Is it
that equilibrium in itself recompenses him
in some way we can't imagine?
      GO ON!
we holler up to the equilibrist, settling back
in our comfortable box seats on the more
human earth.
   Who, us? We've paid our admission.
We're not going anywhere.

Tim Reynolds

EL DESPOSEÍDO

No son mías las palabras ni las cosas.
Ellas tienen sus fiestas, sus asuntos
que a mí no me conciernen,
espero sus señales como el fuego
que está en mis ojos con oscura indiferencia.
No son míos el tiempo ni el espacio
(ni mucho menos la materia).
Ellos entran y salen como pájaros
por las ventanas sin puertas de mi casa.
Alguien habla detrás de esta pared.
Si cruzara, sería en la otra estancia:
el que habla soy yo, pero no entiendo.
Tal vez mi vida es una hipótesis
que alguno se cansó de imaginar
un cuento interrumpido para siempre.
Estoy solo escuchando esos fantasmas
que en el crepúsculo vienen a mirarme
con ansia de que yo los incorpore:
¿querría usted negar, sufrir, envanecerse?
No es mía, les respondo, la mirada,
negar sería espléndido, sufrir, interminable,
esas hazañas no me pertenecen.
Pero de pronto no puedo disvadirlos,
porque no oigo ya mi soledad
y estoy lleno, saciado, como el aire,
de mi propio vacío resonante
Y continúo diciéndome lo mismo, que no tengo
ninguna idea de quién soy,
dónde vivo, ni cuándo, ni por qué.
Alguien habla sin fin en la otra estancia.
Nada me sirve entonces. No estoy solo.
Estas palabras quedan afuera, incomprensibles,
como los guijarros de la playa.

THE DISPOSSESSED

They are not mine – not the words, not the things.
They have their festivals, their affairs
that are no concern of mine; I await
their signals like the fire
that's in my eyes with dark indifference.
They are not mine – not the weather, not the space
(and even less the substance).
They come and go like birds
through the doorless windows of my house.
Someone is speaking behind this wall.
If he passed through his path would be
towards the other room: the one who speaks
is I, but I don't understand.
Perhaps my life is a hypothesis
whose theorist grew weary,
a story forever interrupted.
I am alone, listening to those phantoms
that come at dusk to stare at me
with pleas that I encompass them:
Would you wish to refuse, to suffer, to swell with pride?
The glance is not mine, I answer them;
to refuse would be ostentatious; to suffer, interminable –
those exploits have nothing to do with me.
But suddenly I can't dissuade them
for I no longer hear my loneliness
and I am full, sated, like the atmosphere
of my own echoing emptiness.
And I keep telling myself the same things:
that I have no idea who I am
or where I live, or when, or why.
Someone talks endlessly in the other room.
Then everything is useless. I am not alone.
These words remain outside, incomprehensible
like the pebbles of the beach.

Tom Raworth

LA LUZ DEL CAYO

Una luz arrasada de ciclón,
aquella misma luz que vi de niño
en las mañanas nupciales del miedo,
estaba esperándome aquí, pero aún más pobre,
más secreta y huraña todavía,
como si no hubiera lámpara capaz
de agrupar nuestras sombras dispersadas,
ni pudiera la abuela regresar con aquel vaso
de espumoso chocolate hasta mi cama
para decir: la dicha existe, la inminencia
es un tren que estremece las maderas
cargado de luces y dulzura.

Por las calles oculto yo corría
gritando como un pino indominable,
destellando la honda piedra de presagios,
discutiendo silencioso con las nubes,
a comprar un martillo y unos clavos
para clavar la casa contra el miedo,
y al fin huíamos del mar, en orden, por los campos
buscando el ojo del ciclón que nos miraba
como un animal remoto y triste.

Esa luz está aquí, ya sin peligro,
toda exterior y plana, establecida
en la absoluta soledad del Cayo,
pura intemperie de mi ser, diciéndome:
no queda nada, no era nada,
no tengas miedo ni esperes otras nupcias,
arde tranquilo como yo, árida y sola,
no esperes nada más, ésta es la gloria
que aguardaba y merece (único amparo)
tu flor desierta.

Cayo Hueso, 14, viii, 58

THE LIGHT ON CAYO HUESO

A cyclone's satin light,
that same light I saw as a child
on the bridal mornings of fear,
awaited me here – but much poorer,
much more secret, and still sullen,
as if there were no illumination capable
of bringing together our scattered shadows.
Nor could my grandmother come back with that cup
of foaming chocolate beside my bed
to say: Happiness exists, the here and now
is a railway train which shakes the timbers
laden with light and sweetness.

Through the streets I ran, invisible,
crying like an indomitable pine tree,
paring the sunken stone of omens,
silently conversing with the clouds,
to buy a hammer and some nails
with which to bar the house against fear—
and in the end we fled from the sea, one by one,
searching the fields for the cyclone's eye
focused on us, like an animal's, remote and sad.

That light is here, domesticated now,
superficial and flat, established now
in the absolute solitude of the Reef—
pure weather of my being, telling me now:
nothing remains of this; it was nothing,
don't be afraid and don't wait for other weddings,
burn peacefully as I do, sterile and alone,
hope for no more, this is the only glory
guarding, deserving of (the only shelter)
your deserted flower.

Cayo Hueso, 14, viii, 58

PALABRAS DE NICODEMO

SAN JUAN, 3

Él me dijo que era preciso
renacer, y yo le dije: ¿cómo?
¿a mis años puede un hombre
volver a entrar en el vientre de su madre?
Yo sentía mi rostro como una página escrita
en el viento y en la sombra
que hacían temblar nuestros cabellos
y nuestras simples vestiduras.
Las hojas también temblaban levemente,
con un sonido áspero y dulce, acariciando
los mediodías en el patio de la infancia.
Y él me dijo, y sus palabras
no parecían estar saliendo de sus labios
—¿tal vez porque la sombra los cubría, o porque era
tan ardiente su mirada?: Oye,
tienes que renacer en el agua y el espíritu,
y hacerte del espíritu, si quieres
entrar en el Reino . . . Todo era
como un encuentro casual y lejanísimo
de dos amigos, y él estuvo hablando
todavía un rato, y yo sentí de pronto
que me hablaba con cierta dureza,
como reprendiéndome, y después
nos separamos silenciosamente.
Pero ahora estoy oyendo sus palabras de otro modo,
como si hubieran pasado por el agua de mi sueño
y gotearan en la luz de la mañana,
en la blanca bocanada de la luz, en las mañanas de mi infancia,
repitiéndome: si crees en mí,
si vuelves a nacer en el agua y el espíritu,
si te haces del espíritu . . .
Los niños pasan gritando por la ciudad vacía.

NICODEMUS SPEAKING

ST. JOHN, 3

He said to me that one must be
reborn, and I said: how?
Can a man at my age
go back into the belly of his mother?
My face felt like a page
written in wind, in shadow:
our hair was ruffled
and our simple clothes.
The leaves also were trembling gently
with a crisp, sweet sound, caressing
noons in the patio of childhood.
And he said, and his words
didn't seem to issue from his lips
—perhaps because the shadows covered them
or his gaze was so strong—Look,
you must be reborn of water and of spirit,
and become of spirit, if you want
to enter the Kingdom. It was all
like a casual, far off encounter
between two friends, and he went on talking
a little while longer and I suddenly felt
that he was talking to me rather toughly,
telling me off almost, and then
we separated in silence.
But now I am reading his words rather differently,
as if they flowed through the water of my dream
and dripped through the morning's light,
the white gust of light, my childhood's mornings,
repeating to me: if you believe in me,
if you are reborn of water and of spirit,
if you become of spirit . . .
The children go shouting through the empty city.

Nathaniel Tarn

EL MEDIODÍA

El mediodía vasto y silencioso como una tumba resonante
me despierta con ruido monótono de fuente
que se torna sin cambio en el sonido oscuro
de unos perros ladrando por su alba desierta.

En el silencio se graba el hojeo ligero de los álamos
más que en el aire mismo. Cae el grueso piar de los pájaros
hecho de una pasta goteante y seca a un tiempo,
amarillo como un violín en el mediodía tirante como un arco.

Entonces la política aromosa del periódico y el mimbre
o el café que se acerca con su calma rural,
el silencio del timbre lejano que atraviesa el corredor,
dan en un espacio mayor y en un vacío que no necesitan,

pues qué podría ocupar tu vasta intemperie, mediodía,
cuando apartas así en el abismo cruel y delicado al pájaro
que me despierta con su mancha de amarillo, su goterón sensato,
con el pico de lo real en la quietud poderosa e intocada.

NOON

Noon, vast and silent as a hollow tomb
wakes me with the monotonous murmur of a fountain
that changes changelessly in the sombre sound
of a few dogs barking in its unpeopled dawn.

The whisper of the poplar leaves is registered
more in the silence than in the air itself. The heavy chirps
of birds fall, made of a paste both dry and dripping,
yellow as a violin in the noon stretched taut as a bow.

Then the aromatic politics of the newspaper, the wicker chair,
the coffee that approaches with its rural peace,
the silence of the distant bell across the corridor
reach into a larger space, an emptiness they do not need.

Then what could fill your widespread bleakness, noon,
when into the delicate and cruel abyss you push the bird
who wakes me with his yellow stain, his sensible splash,
with the peck of reality in the untouched and majestic stillness.

Tom Raworth

'TENÍA EN MI MANO'

Tenía en mi mano el más raro ejemplar de tomeguín, un tomeguín todo amarillo, con el peto un poco más intenso que el resto del cuerpo.

Caminé con el pajarillo en la mano buscando a alguien para mostrarle el singular hallazgo. Al fin encontré un amigo, a quien levanté la mano hasta el rostro y dije:

—Mira, un tomeguín.

Mi amigo buscó en torno, y preguntó extrañado:

—¿Dónde?

—Aquí, en mi mano. Es muy raro. Míralo.

Diciéndolo, miré mi mano; pero en ella sólo agitaba un cordoncillo de seda negra.

Mi amigo movió la cabeza de derecha a izquierda y de izquierda a derecha, sonriendo.

Sonriendo también, ruborizado, expliqué:

—El color amarillo es un pájaro de alas ágiles.

'I HAD IN MY HAND'

I had in my hand the rarest of all humming-birds, a humming-bird that was completely yellow, with a breast that was a slightly more intense yellow than the rest of its body.

I went around with the little bird in my hand looking for someone to whom I could show my remarkable discovery. Finally I found a friend and I lifted my hand to his eyes, saying:

"Look, I've found a humming-bird."

My friend looked all around and asked me coldly:

"Where is it?"

"Here it is, in my hand. It's very rare. Look at it."

As I said this, I looked at my hand; but all I could see in it was a reel of black silk.

My friend laughed, shaking his head from right to left and from left to right.

Laughing myself and blushing, I explained:

"The colour yellow is a bird with very nimble wings."

'Y TAMBIÉN HUBE UNA ESTANCIA EN EL INFIERNO'

Y también hube una estancia en el infierno, donde encontré a mis amigos los que tienen comercio con alguna de las musas. —Mis amigos aún pertenecen a esta vida, pero el infierno es eterno y ubicuo, es decir, existe desde siempre en cada hombre y hasta siempre con todos los hombres—. Huele allí el aire a libro recién impreso, a óleo fresco, y a algo aún más deleznable. Es que un estrecho pero impetuoso río de excremento lo atraviesa. Este río baja desde un monte deslumbrante —apenas se le puede mirar— y cuya forma es la de una grupa humana. No sé cómo supe que el monte no es otro que el Culo de Venus y el río nada menos que el Discurso Poético, pero, ahora, al hablar de monte y río tales, esos nombres vienen a mi memoria.

Así de pronto me encontré caminando sobre la orilla del Discurso Poético. El rumor de la corriente me arrastraba peligrosamente, tal una música de sirenas. Me sobrepuse enseguida, sin taponear con cera mis oídos. . . . Mas lo que oía, lo que oía. . . . Anda que te anda, me entré en un cañaveral de la orilla. Qué escándalo el de las ninfas allí ocultas. Me salí de las cañas y fui a echarme al pie de un cocotero. No estuve mucho rato sin compañía, de la copa bajó un mono que se puso a mirarme extrañado, para luego hacer mil travesuras a mi alrededor sin lograr divertirme. Convencido de mi inmutabilidad, el endiablado animal se volvió a la copa de un salto. Arriba había ahora cuchicheos y risitas.

—No te ha reconocido.

—No me ha reconocido el pobre idiota.

Y el mono bajó de nuevo, esta vez seguido de otros más pequeños hasta el número de seis. Siete monos. Catorce ojos de monos curiosos mirándome seriamente. El mayor habló:

—Somos los hermeneutas. Pocos nos conocen y nadie nos reconoce. Tú eres de los nuestros, pero aún no has sido iniciado. . . . Sin embargo, oirás una de mis lecciones.

Los monos menores quedaron ensimismados y reconocí en ellos a mis amigos más queridos, unos con los piojos a medio camino de la barriga a la boca, y otros con las manos en los ojos o en la boca. Sólo el mono sabio permaneció irreconocible, a pesar de mis esfuerzos por identificarlo y la admiración que hacia él me crecía. . . . Idiota, idiota y mono que fui; aquella admiración me convirtió en el séptimo mono menor; oía al maestro, me abstraía, y otras veces bajaba y subía a la copa del cocotero en un par de saltos, como un mono más a la orilla de aquel río asqueroso.

¿Cómo regresé? No sé. Un día tuve un repentino ataque de locura y me encontré de nuevo en mi vieja piel y en el aire fresco de esta vida. Mi salvación fue aquella oportuna locura.

'AND THERE WAS ALSO A RANCH IN HELL'

And there was also a ranch in hell, where I met those of my friends who had had dealings with one or other of the muses. (My friends are still in this life, but hell is everywhere and is eternal; in other words, it exists from all time in each man and until all time in all men.) The air there smells of a book which has just come off the presses, of freshly-tapped oil and of something even more slippery – the narrow but impetuous torrent of shit that crosses the country. This river flows from a dazzling mountain, so bright that one can hardly see it, and which has the same shape as a human rump. I don't know how I learnt that the mountain is none other than the Arse of Venus and that the river is no less than the Poetic Discourse, but now as I speak of this mountain and river, these are the names that come to my mind.

In this manner I suddenly found myself walking on the banks of the Poetic Discourse. The noise of the current was dangerously attractive, like a siren's song. Forthwith I mastered the temptation without having to stop my ears with wax. . . . Besides there were other things that I heard, that I heard . . . Willy-nilly I plunged into a canebrake by the banks of the river. The nymphs who were hidden there were making such scandalous cries. I left the canebrake and cast myself down at the foot of a coconut palm. I hadn't been alone there for long when a monkey dropped down from the top of the tree. He began making faces at me and then he frolicked around me a thousand times without succeeding in making me laugh. Seeing that he couldn't elicit any response, the diabolical creature leapt back up the tree with a single bound. Now I could hear whispers and tittering up there.

"Didn't he recognize you?"

"No, the silly idiot didn't recognize me."

And the monkey came down again. This time he was followed by some other smaller monkeys, six in all. Seven monkeys. Fourteen monkey's eyes looking at me seriously. The older one spoke:

"We are the interpreters. Few people know us and no-one recognizes us. You are one of us, but you have not yet been initiated. . . . All the same, you can listen to one of my lessons."

The younger monkeys remained absorbed in themselves and I saw that they were none other than my dearest friends. Some of them were covered with lice that travelled between their bellies and their mouths, and others had their hands over their eyes or mouths. It was only the wise monkey whom I could not recognize, despite my increasing admiration and my efforts to identify him. . . . Idiot, idiot and monkey that I was; my admiration turned me into a seventh little monkey; I listened to the master, became abstracted, and at other times I leapt up to the top of the coconut palm and down again in a couple of bounds, like one more monkey on the banks of that loathsome river.

How did I return? I don't know. One day I had a sudden attack of madness and found myself once more back in my old skin and in the fresh air of this life. That opportune fit of madness was my salvation.

Donald Gardner

NACIMIENTO DE EGGO

Cuentan las bocas muertas que el hombre
vino entre dos luces.
La barca era su cuerpo y sus brazos dos poderosos remos.
Solo, en un estrecho de aguas violentas,
el hombre era una luz, dicen los muertos:
antes de la pasada historia, mucho antes
del tiempo porvenir.
Cuentan que iba hacia el monte.
Iba mirando hacia su frente, mirando a sus espaldas
y al perfil que para siempre dibujaron
sus manos poderosas. Iba solo,
y era el cristal, el oro que fluía desde su barca,
el torso de todo lo creado,
hasta la hora de su consumación.
En las riberas, borrosa la espesura,
ceniza o carroña humeante; ruinas.
Y el monte, el hombre mismo, dice la historia
de las bocas muertas, nacía sobre las aguas.
Cuando llegó al centro de sí mismo, ya no era un hombre,
era al árbol mayor, sus ramas, múltiples remos,
su tallo, tantas barcas de fortaleza idéntica
y juntos una flor redonda de oro.
Frente a él vió, a sus flancos y espalda
multiplicarse el monte hasta un número exacto,
dividido en fragmentos iguales,
enteros unos y otros, siempre el mismo
que vino entre las aguas y dos luces.

BIRTH OF EGGO

The dead mouths say that man
happened between two lights.
His body was a boat and his arms two powerful oars.
Alone, in a channel of violent waters,
man was a light, the dead are saying:
before past history and much before
time yet to come.
They say he went towards the mountain.
He went, looking forwards and backwards,
and at the profile his powerful hands were etching
for ever. He went alone, became
crystal and gold flowing out of his boat,
the trunk of everything created
until his consummation.
Along the shores, thickness of sediment,
ash, steaming carrion; ruins.
And the mountain, man himself, says history
through these dead mouths, was born upon the waters.
When he reached the center of himself, he did not find a man—
he was the eldest tree, its branches, a fan of oars,
its shoot, so many boats straining together,
a whorl of gold.
Before him he saw, and at his sides and shoulders,
the mountain multiplying to an exact number,
divided into equal fractions,
complete each one, ever the same,
coming between the waters and two shafts of light.

RENDICIÓN DE ESHU

Avisa a Osain que los hombres vienen,
mientras mi muerte alista,
yerba de mis pesares, alúmamba,
que lo ve todo, desde el lecho del rio.
Acompañen de sones
la llegada del dueño único del monte.
Avisa a los Ibeỳi, que su cabeza
ya entra en las regiones áureas,
sus bellos ojos más bellos que la lumbre mayor,
y su oloroso aliento, más transparente
que el aire que corona el monte,
dile, flor de mis males,
que ha regresado en victoriosa barca,
él, monte de aguas.
Avisa a Oggún,
que cae mi fortaleza,
entre armas y banderas.
Avisa a Obatalá, que las cadenas
contra las que los dioses no pudieron,
esclavas a su paso se rendían; avisa
a Elegguá
que ni sus llaves ni sus guardias
están seguras.
Acompañen de sones, gentes de Ocha
la llegada del dueño único del monte
mientras ni muerte alista.

SURRENDER OF ESHU

Let Osain know that men are coming,
while my death is being prepared,
firing the grass of my sorrows
that I may see it all from the bed of the river.
Play *sones*
for the arrival of the mountain's only lord.
Tell the Ibeyi that their head now
enters the golden regions,
his beautiful eyes more beautiful than the primal fire,
and his sweet-smelling breath, clearer than air
on the summit of mountains;
say, flower of my sufferings,
that he has returned in the boat of victory,
he, the tower of waters.
Let Oggun know
that my battlements fall
among weapons and banners.
Tell Obatala those chains
the gods were powerless against
surrendered to him,
tell Eleggua
nor keys nor sentinels
can be considered safe. .
With *sones* celebrate, people of Ocha,
the arrival of the mountain's only lord—
while my death is being prepared.

Nathaniel Tarn

ISLAS
(A Pedro de Oraá y a Loló)
(fragmento)

I

La mañana es un fruto que cruje y se desprende:
incendia el bosque con su olor.
Verde navío.
Asciende el humo en el atardecer.
Costa púrpura y oro donde la luz reside. Feudo amarillo.

Las mariposas mueven sus equilibrios
y un zumbido ligero atraviesa los aires.
Los cuerpos a esta hora, limpios,
llenan la primavera y de una llama a otra
se evaporan.
La noche se desnuda
y el son rompe en los cuerpos.

Nada os iguala, cítaras del agua, urpilas,
plazas áureas visitadas por tropas augurales.
Almacenes de olor: naranjas, piñas, mangos de las Indias.
Relámpagos, encendidas ofrendas. Nada os iguala, cítaras del agua.
¿Podría la belleza mostrarse de otro modo
diferente a estas hierbas
que crecen como árboles, girasoles
silvestres, truenos y
escuadrones de insectos, coronando el verano?
Solo, en el cielo, el sol arde.
En el ofertorio de la ventura: música,
libaciones, flores selváticas, gallos,
cocodrilos, peces de escamas como alas:
verdes luciérnagas.
En la santa convocación de los holocaustos:
mercaderes, cómicos, titiriteros diestros
como animales encantados, ancianos hermosos
que meditan y disienten
y un tropel ágil de niños, criaturas
mágicas, imaginadas.
Rosas de sal, montes de las honduras
del mar, divinidades. . . . ¡Islas!
Retablo alucinante del matorral:
cobre y oro de bayas gigantescas;
rumorosos jabillos, añil como el rocío, transparentes.
La yagruma senil, enmascarada, es un cautivo dios.
La monodia verde.
Juegan las voces en el matorral.
Juegan a ser el mar, el monte.
Juegan a ser el aire.
El ocre siempre es Rey
y elige entre sus máscaras.
Para él no existe cosa despreciable.
Las lilas son sus hijas,
las lilas abominan del veneno.
Entra el imaginador.
Como no tiene vida se atiene
a su derecho:

ISLANDS
(For Pedro de Orvá and Loló)

I

Morning, a fruit that creaks and comes apart,
burns the woods down with its smell
A green ship.
Smoke, gold and purple, where the light lives. A yellow feud.

Butterflies move, balancing,
a light buzzing stirs in the air.
Bodies now, clean,
fill all spring and evaporate one
flame to the next.
Night strips,
sound snaps in our bodies.

Nothing touches you, zithers of water,
golden squares visited by inaugural legions.
Warehouses of odours oranges, pineapples, mangos from the Indies.
Lightning, burnt offerings. Nothing touches you, zithers of water.
Could beauty show itself any way other
than in these grasses
growing like trees, sunflowers
in fields, thunders, squadrons
of insects crowning the summer?
Alone burns, in heaven, the sun.
In luck's offertory: music,
liberations, woodflowers, roosters,
crocodiles, fishes with scales like wings:
green lightning-bugs.

In the holy convocation of holocausts:
salesmen, enchanted clowns, Punch-and Judy people
with animals, beautiful old men
who think and dispute
and an active jumble of children, magic
children, imagined.
Roses of salt, hills from the depths
of the sea, divinities. . . . Islands!

The thicket's hallucinating altarpiece:
the gold and copper of enormous bays:
noisy jabillos, azure as dew, transparent.
Senile yagruma, masked – a prudent god.
The green monody.
Voices play in the thicket:
play at being sea, mountain,
air.
Ochre is king, always,
choosing his masks.
There is nothing he despises.
The lilies are his daughters,
the lilies hate poison.
Enter The Imaginer.
Having no life he relies
on his right:

"Venid, os hago entrega de nuestra claridad.
Aquí nadie medita,
hay grandes vías hermosas y lisas
y nos aventuramos en los senderos del matorral.
El odio no se restaura con el odio."
Todas las gentes le miran y le escuchan.
El imaginador los acepta como suyos.
Las voces dentro del matorral
suplican a una húmeda estrella que descienda.

DE HOMBRE A MUERTE
fragmento
(A Roberto Fernández Retamar)

II

Libertad, imagen del amor que no vive para sí solamente,
Libertad, no te desconocemos, se es libre
en la montaña. Aquí
          ". . . escasean los bosques y la comida"
pero el diálogo es nuestro, se es libre donde
se pelea.
Hay muchos días para entregarlos a tu amor,
hemos dormido entre tu voz,
todos queremos coronarte,
queremos ser tus elegidos.
A veces, no sabemos dónde estás.
Mil imágenes tuyas se confunden
con nuestra sola imagen.
Irradias desde el pájaro la luz,
inundas la llanura.
Muertos del día que vendrá
amamos tus visiones—mensajes   .
que vuelven de los muertos —
Puertas, umbrales infinitos . . .
Libertad, tu ojo despierto
son los ojos cerrados;
tu brazo en alto
son los brazos caídos.
Tus labios se hicieron para el canto.
Tu mirada se hizo para la compañía.
Sólo en tí se revelan los misterios
de la continuidad.
Háblanos de las cosas minúsculas,
de los lugares que frecuenta el hombre
—sabemos que has vivido en las edades
de la tiniebla y el silencio—, hablemos . . .

"Come, I give you as gift my clarity.
None meditate here,
there are great smooth lovely ways
and we explore the paths of the thicket.
Hate is not patched up with hate."
Everyone looks at him, listens to him.
The Imaginer accepts them as his own.
Within the thicket voices
pray to a moist star now descending.

FROM MAN TO DEATH
(for Roberto Fernández Retamar)

II

Freedom, image of a love living not for itself alone,
freedom, we don't disown you, one is free
on the mountains. Here
            ". . . not many forests, not much food"
but the dialogue is our dialogue, one is free, fighting.
There are days and days to surrender to your love,
we've slept wrapped in your voice.
We all wish to crown you,
wish to be your Chosen.
Sometimes we don't know where you are.
A thousand images of you become confused
with our one image.
You irradiate light from the bird,
flood over the plain.
Dead in a day that will come,
we love your visions — messages
come back from the dead.
Gates, infinite thresholds . . .
Freedom, closed eyes are
your eye, awake.
Fallen arms are
your arm, raised high.
Your lips were shaped by song.
Your gaze was shaped by others.
Mysteries of continuity
are revealed only in you.
Tell us of tiny things,
of the places a man haunts—
we know you've lived in ages
of darkness and silence — speak . . .

siete rifles Garant
nadie nos dijo qué era la sabiduría.
          cuatro Springfield
Disciplinados y valientes.
          dos ametralladoras de mano calibre 45
Hoy hemos comido poco.
          una carabina M-1
Alguien está rogando por los perseguidos.
Alguien está rogando por los perseguidores,
          tres Winchester calibre 44
Generaciones que son para la vida.
          una escopeta automática calibre 12
Nuestras manos futuras.
          rifles automáticos calibre 22
Los estampidos de la guerra
la masacre de la guerra.

La historia no es un baldío sin dueño.

Libertad,
háblanos de tus muchos amadores
mientras en Mayarí Arriba,
sobre el campo tendido, quedan algunos.
Nuestras manos
ganan una ametralladora Thompson,
cinco Springfield
y algunas armas cortas.
Libertad,
—no del tigre o el pájaro—
la del hombre:
gánanos para ayer, para mañana
gánanos hoy.
Somos tus fieles amadores.
Entre los estampidos
y los fogonazos
oímos todo lo que en ti tiembla:
late tu corazón,
aquí entre pinos quemados y sangre.
Desnuda estás en todas partes
y duermes a la sombra de las ruinas.
En ti nos detuvimos.
Sólo tú eres destino.

                    seven Grant rifles
no one told us what wisdom was.
                    four Springfields
Disciplined, valiant.
                    Two .45 automatics
We haven't had much to eat today. — *desencauto*
                    an M-1
There's somebody praying for the tortured.
Somebody is praying for the torturers
                    Three .44 calibre Winchesters
Generations coming to life.
                    a 12-gauge shotgun
Our future hands.
                    .22 automatics
The crack of guns in war — *fuerte*
the massacre of war   — *horror*

History is no masterless wasteland.

Freedom,
tell us of your many lovers ← *súplica*
while a few remain, on the wide field,
at Mayarí Arriba.
Our hands
win a Thompson machinegun,
five Springfield rifles,
and various revolvers.
Freedom
—not a tiger's or a bird's— *desencauto*
a man's, ← *enfásis*
win us for yesterday, tomorrow,
today.
We are your true lovers *súplica*
Between the crack of rifles ——— *subir tono*
and the flare of guns
we hear what trembles in you:
your heart beats, ← *enfuses*
unidos ⎡ here among burned pines and blood.
Everywhere you are naked   *alto y*
and sleep in the shadow of ruins ← *bajar*
We stopped in you.
You, only you, are destiny.

Tim Reynolds

53

LA VIA LÁCTEA

La vía láctea cae esta noche del cielo morado sobre los árboles
Caminantes gatos lámparas pan vino
todo encierra un secreto las calles no terminan en esa bruma clara

Como la araña silenciosa trabaja
como los veleros van removiendo la noche
Esto no se detiene mi corazón madura
remontando la caída del polvo y de las hojas
pronto la nieve cubrirá la tierra tiznada
a través de la ventana yo miraré su blancura terrible
Tal vez las alas de una paloma rocen el cristal

El invierno será más hermoso
cuando tu cabellera desconocida
cubra el abismo blanco de mi almohada.

POEMA EN NANKIN

Dicen
aquí en Nankín
que en otro tiempo
los poetas
hacia estos días de la mitad de octubre
gustaban aspirar los pesados crisantemos
comer cangrejos del revuelto Yang Tsé
y beber vino en abundancia

Eso era en otro tiempo

Durante años y años
el lento río poderoso
ha arrastrado mucha tierra gris
entre los caseríos miserables y el mar
y el otro gran río
el río del pueblo
ha ido arrastrando hacia el fondo de la historia
las noches de la desesperación
las murallas de la injusticia
y los troncos podridos en que el viento murmura
Ahora hay crisantemos en las manos del pueblo
Los cangrejos son hermosos y grises en los cuadros de Chi Pai-Chi
Y los poetas beben el violento vino de tierra y de fuego
que soplan las revoluciones.

(Nankin, 18 de octubre de 1960)

THE MILKY WAY

Tonight, the Milky Way falls out of purple sky onto the trees
Wandering cats yellow lamps bread wine
everything traps a secret the streets don't end in that light mist

It works like the silent spider
like the sailboats which go moving the night
it does not stop my heart grows ripe
soaring over the fall of dust and of leaves
Soon snow will cover the sooty earth
through the window I will look at its terrible whiteness
Perhaps the wings of a dove will touch against the pane

Winter will be more beautiful
when your unknown hair
covers the abyss of my pillow

POEM IN NANKING

They say
here in Nanking
that in another time
the poets
On mid-October days like these
liked to smell the heavy chrysanthemums
to eat crabs from the turbid Yangtze
and to drink lots of wine

That was in another time

For years and years
the slow powerful river
has carried much grey earth
between the miserable villages and the sea
and the other great river
the river of the people
has been carrying towards the depths of history
the nights of desperation
the walls of injustice
and the rotten trunks where wind murmurs
Now there are chrysanthemums in the hands of the people
The crabs are beautiful and grey in the paintings of Chi Pai-Chi
And poets drink the violent wine of earth and of fire
which revolutions blow.

David Ossman & Carl Hagen

NO HABLES MIERDA

Espera, no hables mierda que aún no he terminado:
estoy vivo, recorro mis calles y mi tiempo,
tengo el puño cerrado y tu rostro puede volverse
una hermosa moneda bizantina;
tengo el puño cerrado y de mi lápiz salen
las palabras: piedras, gatos, hélices,
viento de la revolución; mis palabras
encendidas de realidad y realidad.
Aquí empiezo, apenas estoy amolando
mis hierros, y mi vida ya está preparada.
Traje desde mi infancia ríos y pájaros,
días golpeados, sueños y humillaciones,
la cabeza rota de una pedrada, el corazón
inmensamente grande de amor y de belleza.
Traje serones de mangos y maletas de baratijas
y la gravedad de un notario y el ceño de la desgracia
pero sobre todo la alegría de los que han vivido
puros y limpios. Traje un viejo traje
amarrado a mi sombra de poeta.

Cuidado, no hables mierda. Te conozco:
eres el que vigila en las esquinas
(en Contramaestre, en Guayos, en el Prado),
oscuro y tembloroso como una gallina enferma,
pobre ser humano. No hables mierda.

SHUT UP YOU SHIT

Hang on, shut up you shit, I haven't finished:
I'm alive, speeding through my streets and my century,
My fist is clenched and your face can get minted
into a picturesque Byzantine coin;
my fist is clenched and the words
pour out of my pencil: cobblestones, moggies, propellers,
the storm of the revolution; my words
blazing with reality and reality.
I'm starting here, hardly pausing to sharpen my weapons,
and now my life is ready.
From childhood I've lugged rivers and birds about with me,
battered days, dreams and humiliations,
my head bashed in by a flying stone, my heart
bulging huge with love and beauty.
I've lugged around basketsful of mangoes and trunksful of souvenirs
and the gravity of a notary and the ashes of bad luck
but most of all the gaiety of those who live
cleanly and honestly. I wore a threadbare suit
sewn to my poet's shadow.

So watch it and shut up you shit. I know you:
keeping street-corners under observation
(in Contramaestre, in Guayos, in the Prado)
dark and shaking like a sickening chicken,
poor human being. Shut up you shit.

Adrian Mitchell

FELICES LOS NORMALES
(A Antonia Eiriz)

Felices los normales, esos seres extraños.
Los que no tuvieron una madre loca, un padre borracho, un hijo delincuente,
Una casa en ninguna parte, una enfermedad desconocida,
Los que vivieron los diecisiete rostros de la sonrisa y un poco más.
Los llenos de zapatos, los arcángeles con sombreros,
Los satisfechos, los gordos, los indios,
Los rintintín y sus secuaces, los que cómo no, por aquí,
Los que ganan, los que son queridos hasta la empuñadura,
Los flautistas acompañados por ratones,
Los vendedores y sus compradores,
Los caballeros ligeramente sobrehumanos,
Los hombres vestidos de truenos y las mujeres de relámpagos,
Los delicados, los sensatos, los finos,
Los amables, los dulces, los comestibles y los bebestibles.
Felices las aves, el estiércol, las piedras.

Pero que den paso a los que hacen los mundos y los sueños,
Las ilusiones, las sinfonías, las palabras que nos desbaratan
Y nos construyen, los más locos que sus madres, los más borrachos
Que sus padres y más delincuentes que sus hijos
Y más devorados por amores calcinantes.
Que les dejen su sitio en el infierno, y basta.

UN HOMBRE Y UNA MUJER
"¿Quién ha de ser?
Un hombre y una mujer"—Tirso

Si un hombre y una mujer atraviesan calles que nadie ve sino ellos,
Calles populares que van a dar al atardecer, al aire,
Con un fondo de paisaje nuevo y antiguo más parecido a una música
que a un paisaje;
Si un hombre y una mujer hacen salir árboles a su paso,
Y dejan encendidas las paredes,
Y hacen volver las caras como atraídas por un toque de trompeta
O por un desfile multicolor de saltimbanquis;
Si cuando un hombre y una mujer atraviesan se detiene la conversación del barrio,
Se refrenan los sillones sobre la acera, caen los llaveros de las esquinas,
Las respiraciones fatigadas se hacen suspiros:
¿Es que el amor cruza tan pocas veces que verlo es motivo
De extrañeza, de sobresalto, de asombro, de nostalgia,
Como oír hablar un idioma que acaso alguna vez se ha sabido,
Y del que apenas quedan en las bocas
Murmullos y ruinas de murmullos?

HOW LUCKY THEY ARE, THE NORMAL ONES
(for Antonia Eiriz)

How lucky they are, the normal ones, those peculiar creatures:
The ones who didn't have a crazy mother, a drunk for a father, a delinquent son,
A house nowhere at all, an unknown disease –
The ones who've worn all the seventeen smiling faces and more,
The ones stuffed with shoes, the cute ones,
The Rin-tin-tins & their secretaries, the ones who 'Sure, why not?' this way,
The ones who make money & are loved up to the hilt,
The flautists accompanied by mice,
The hucksters & their clientele,
The gentlemen just a touch superhuman,
The men dressed in thunder & the women dressed in lightning,
The delicate ones, the prudent ones, the ones with taste,
The courteous ones, the sweet ones, the edibles & potables,
How lucky they are, birds & manure
& stones.

Just let them keep out of the way of the others, the ones who make
Worlds & dreams, illusions
& symphonies, words that tear us down
& rebuild us, crazier than their mothers, drunker
Than their fathers, worse delinquents than their sons,
More eaten at by loves more corrosive:
Let them leave these their stations in hell, & forget it.

A MAN AND A WOMAN
"Who should it be?
A man and a woman" – Tirso

If a man and a woman should walk through streets no one else sees,
Populous streets verging on evening and evening air,
With, for background, a landscape antique and newborn, more like music than
landscape;
If trees erupt in the path of this man and this woman
And they leave the walls burning behind them
And heads turn as though to the squall of a trumpet
Or a parade of acrobats, all colors;

If, when a man and a woman walk by, conversation stops all through the
neighborhood.
The chairs on the sidewalk stop, locksmiths drop at streetcorners,
Your tired breath turns to a sigh:
Is it that love walks by so infrequently that, seeing it,
You're startled, amazed, bewildered, nostalgic, as though
Hearing a language you once, maybe, knew,
Now barely a whisper and the rubble of whispers in your mouth?

Tim Reynolds

LE PREGUNTARON POR LOS PERSAS

A la imaginación del pintor Matta y, desde luego, a Darío

Su territorio dicen que es enorme, con mares por muchos sitios, desiertos, grandes
                                      lagos, el oro y el trigo.

Sus hombres, numerosos, son manchas monótonas y abundantes, que se extienden
                  sobre la tierra con mirada de vidrio y ropajes chillones.

Pesan como un fardo sobre la salpicadura de nuestras poblaciones pintorescas y
                                                              vivaces,

Echadas junto al mar: junto al mar rememorando un pasado en que hablaban con
              los dioses y les veían las túnicas y las barbas olorosas a ambrosía.

Los persas son potentes y grandes; cuando ellos se estremecen, hay un hondo
                  temblor, un temblor que recorre las vértebras del mundo.

Llevan por todas partes sus carros ruidosos y nuevos, sus tropas intercambiables,
              sus barcos atestados cuyos velámenes hemos visto en el horizonte.

Arrancan pueblos enteros como si fueran árboles, o los desmigajan con los dedos
              de una mano, mientras con la otra hacen señas de que prosiga el festín;

O compran hombres nuestros, hombres que eran libres, y los hacen sus siervos,
              aunque puedan marchar por calles extrañas y adquirir un palacio, vinos y
                                                              adolescentes:

Porque ¿qué puede ser sino siervo el que ofrece su idioma fragante, y los gestos que
              sus padres preservaron para él en las entrañas, al barbaro graznador, como
                  quien entrega el cuello, el flanco de la caricia a un grasiento mercader?

Y nosotros aquí, bajo la luz inteligente hasta el dolor de este cielo en que lo
                  exacto se hace azul y la música de las islas lo envuelve todo;

Frente al mar de olas repetidas que alarmado nos trae noticias de barcos sucios:

Mirando el horizonte alguna vez, pero sobre todo mirando la tierra dura y arbolada,
                                              enteramente nuestra;

Aprendiendo unos de otros en la conversación de la plaza pública el lujo necesario
                                  de la verdad que salta del diálogo,

Y conocedores de que las cosas todas tienen un orden, y ha sido dado al hombre
              el privilegio de descubrirlo y exponerlo por la sorprendente palabra,

Conocedores, porque nos lo han enseñado con sus vidas los hombres más altos, de
              que existen la justicia y el honor, la bondad y la belleza, de los cuales somos
                                  a la vez esclavos y custodios,

Sabemos que no sólo nosotros, estos pocos rodeados de un agua enorme y una
                              gloria aún más enorme,

Sino tantos millones de hombres, no hablaremos ese idioma que no es el nuestro,
                              que no puede ser el nuestro.

BEING ASKED ABOUT THE PERSIANS

To the imagination of the painter Matta and, of course to Darío

It is said their territory is immense, with seas in many places, deserts, extensive
                                                    lakes, gold and wheat.

Their numerous people are abundant stains spread monotonously over the earth,
                                        with glassy looks and gaudy clothes.

They weigh like a burden on our spattered populations, picturesque and vivacious,

Settled close to the sea: close to the sea remembering a past in which they used to
    speak with the gods and see their tunics and their beards smelling of ambrosia.

The Persians are powerful and great: when they shake themselves, there is a
                    deep earthquake, an earthquake that runs along the world's spine.

They run all over the place with their brash and noisy chariots, their
        interchangeable troops, their loaded ships whose rigging we have seen on the
                                                                        horizon.

They wrench whole peoples out as if they were trees, or crumble them in the
    fingers of one hand, while with the other they make signs that the banquet should
                                                                        continue;

Or they buy men, men who were once free, and make of them slaves, so that they
        can walk these foreign streets and acquire a palace, or wines, or adolescents:

What for? Who can be anything but a slave who offers his fragrant dialect and
            the gestures his forefathers kept for him in their entrails to the barbarous
                croaker; who brings his neck and his sides to the caress of a fat merchant?

And we, here, under the intelligent light as far as the suffering sky in which
    precision has transformed itself into blue, the island music enveloping everything;

Facing the sea, wave upon wave, afraid of the news it brings of unclean ships;

Looking at the horizon from time to time, but above all at our land, hard and
                                covered with trees, entirely our own;

Learning one from the other in market-place conversation the necessary luxury
                                of truth which leaps out of dialogue,

Knowing that all things are held within an order and that man has been granted
            the privilege of discovering it and expounding it in his surprising speech.

Knowing, for the greatest men have taught us with their lives, that justice and
    honour do exist, beauty and goodness too, of which we are both the slaves and
                                                                the custodians,

That not we alone, we few surrounded by this immense body of water and a
                                renown even greater.

But several millions of men shall not speak this tongue which is not ours, which
                                can never be ours.

Y escribimos nuestra protesta—¡oh padre del idioma!—en las alas de las grandes
aves que un día dieron cuerpo a Zeus,

Pero además y sobre todo en el bosque de las armas y en la decisión profunda de
quedar siempre en esta tierra en que nacimos:

O para contar con nuestra propia boca, de aquí a muchos años, cómo el frágil
hombre que venció al león y a la serpiente, y construyó ciudades y cantos,
pudo vencer también las fuerzas de criaturas codiciosas y torpes,

O para que otros cuenten, sobre nuestra huesa convertida en cimiento, cómo
aquellos antecesores que gustaban de la risa y el baile, hicieron buenas sus
palabras y preservaron con su pecho la flor de la vida.

A fin de que los dioses se fijen bien en nosotros, voy a derramar vino y a colocar
manjares preciosos en el campo: por ejemplo, frente a la isla de Salamina.

And we can write down our protest—oh father of language!—in the wings of the
                                        great birds which once gave body to Zeus,

But on top of that, and above all, in the forest of weapons, and our fathomless
                decision to remain always in this land in which we were born:

Or to tell with our own mouths, from now on and for many years, how the fragile
        being who conquered the lion and the serpent, and built cities and songs, could
                        also beat down the forces of covetous and infamous creatures,

Or so that others tell, over our bones converted into cement, how those ancestors
        who loved laughter and dancing, made good their word and safeguarded with
                                their own bodies the flower of life.

So that the gods settle themselves among us, trusting us, I am going to pour
        libations and set out precious foods on the fields—for instance on those that face
                                                the isle of Salamis.

                                                Nathaniel Tarn

NUEVA POÉTICA

Eres tú, eres quien
ha levantado sin recuerdo tantas estancias de la piedra,
habitaciones perdidas de la poesía;
tú eres
quien golpeó enormes piedras imaginarias
hasta elevar en desaforado humor del vacío
el canto cuyo perfil no es el viento
indiferente sobre las ciudades, sino el eco de la sangre
innominada,
cuyos ríos en espesos cristales
remontan entre interminables pasajes de frondosa traducción,
al claro vegetal donde una pálida mano
ensaya frente al sol las nacientes imitaciones
del contorno: criaturas en prodigiosas sombras
contra el lecho de hojas o la roca imperecedera,
sombras mecidas por el sueño, mudos artilugios de carbón
del sueño que comienza lastrado en la pared del tiempo.
Eres tú el que ha cruzado,
solo, solo, este río,
hasta hacer de las sonoridades del líquido
una sustancia de tus conocimientos sucesivos,
los fragmentos del canto
que no acaba jamás, ah, el canto de la desesperanza
acatada por la voluntad definitiva de construir el sueño tangente
en cuyos márgenes incalculados besamos otro sueño y otro sueño!
Te olvidaron, te mataban no obstante,
todas las horas, todos los días, todos los años, todos los siglos te mataron,
no obstante ser quien eres,
no obstante una misma piel
la que nos viste a todos,
un mismo guijarro, error o certeza, el que tropezamos,
y el canto que en verdad tú solo has edificado,
el que cantan todas las bocas no obstante.
Pero
no ha de ser así por siempre: vas a vivir
en la poesía, lo juro, que has hecho:
desde la tentativa del contorno, en la mañana perdida,
hasta la forma última del instrumento
dictada por la necesidad del sonido.
Ya que tu canto,
canto de la piedra, el metal, la madera, el fuego . . . labrado
por tu pálida mano,
ha desatado la historia de la sangre:
hombre innominado.

Pedro de Oraá (b. 1931)

NEW POETICS

You are the one, you are the man who
raised unrecorded so many ranches of stone,
the lost dwelling places of poetry;
who broke in the imagination enormous stones
so that in the wild humour of the void
the song could gush whose profile is not the wind
blowing indifferently over the cities, but the unnamed
echo of the blood,
whose rivers of dense crystals
flow tall among endless landscapes of leafy translation
in the clarity of green where a pale hand
sketches under the sun more and more imitations
of where it is: monstrous shadows of animals
silhouetted against the leaves or imperishable rock,
shadows that the dream mixes, silent chipping at the coal-face
of the dream, ballast for the wall of time.
You were the man who crossed
this river all alone,
to make the sonority of water
hard substance for your successive recognitions,
the fragments of an unending
song, yes, the song of despair
honoured by the will to define and build an adjoining dream,
limitless boundaries where we embrace another dream and another!
They forgot you, they killed you,
every hour, every day, every year, every century, they killed you,
despite who you were,
despite the same skin
worn by us all,
the same stone we break our toes on, error and certainty,
and the song which you alone have built truly,
which is on everyone's lips despite everything.
But
it won't always be so: you will live
in poetry, I promise it, you have done so:
since your first attempt at an outline that forgotten morning,
to the ultimate form of the instrument
dictated by the necessity of its sound.
Already your song,
song of stone, of metal, of wood, of fire . . . worked over
by your pale hand,
has unloosed the history of the blood:
unnamed man.

Donald Gardner

LA HORA
(*A Haydee y Gustavo Eguren*).

Mi hora vendrá,
hará su leve seña en la escalera;
subirá hasta mi cuarto
donde arderá la estufa;
si en Londres,
estará el té dispuesto para ella;
si en Moscú,
tendrá todos los metros de mi casa
frente a la plaza
de Smolensk.

Mi hora vendrá,
mi sola hora de gloria
se asomará a la puerta;
pero al verme dormido
cerca de la ventana de cristales
por donde puede verse
el puente Borodino,
vaciará su elemento
entre mis ojos raros
y no sentiré el peso
como si me rozara
el ala más remota de los antiguos vuelos.

Mi hora vendrá,
me palpará la frente
como un nudillo trémulo;
me llamará despacio,
será el zumbido ajeno
de las bocas que han dicho mi nombre
en todas partes,
de las bocas hundidas
en aquél sótano de Lyón,
de mi boca olvidada
de un barrio de New York,
de mi boca de niño
desenredando el nombre sombrío
de las cosas
de mi boca de Cuba
temblando en fiebre y poesía.

(Mi nombre,
dicho de modo tan confuso
será como el tamaño de la dicha,
será como el tamaño de mi hora.)
Porque sé que vendrá.
Como una madre se sentará a mi lado,
se ceñirá la falda con la mano desnuda,
su leve seno
se agitará con prisa para decirme;
"Todos
los trenes que esperaba
se retrasaron tanto, niño mío!"
Y estará fatigada,
(siempre se está
después de un largo viaje)
y buscará

THE HOUR
(*for Haydée and Gustavo Eguren*)

My hour will come,
will make its meager sound on the stairs;
will climb up to my room
where the stove will be burning;
if in London
tea will be ready for it;
if in Moscow,
it will own all the dimensions of my house
on Smolensk
Square.

My hour will come,
my single hour of glory
will appear at the door;
but when it sees me sleeping
near the glass window
through which you can see
Borodin Bridge,
it will spill its element
between my uncommon eyes
and I won't feel the weight
as if the remotest wing of ancient flights
had brushed me.

My hour will come, will touch my forehead
like a tremulous knuckle;
will summon me slowly,
will be the alien rapping sound
of mouths that have said my name
everywhere,
of sunken mouths
in that Lyons cellar, of my forgotten mouth
in a New York neighbourhood,
of my child-mouth
untangling the somber name
of things,
of my Cuban mouth
quivering with fever and poetry.

(My name,
said so confusedly,
will be like the size of happiness
will be like the size of my hour
For I know it will come,
Like a mother it will sit beside me,
will fasten its skirt with a bare hand,
its slight breast stirring to tell me quickly:
"All the trains I waited for,
my son, were very late!"
It will be tired
(one always is
after a long journey)
and will try to find

—debajo de mis gafas nubladas—
la víspera asombrosa
de verla vieja y niña.

Todas
las casas que conozco
serán su única casa,
todas las furias de mi vida
serán su única furia,
todos los miedos de mi madre
serán su único miedo,
todos los cuerpos
que he deseado serán su único cuerpo,
todas las hambres que he sufrido
serán su única hambre.
Pero estaré callado
para que no descubra
mi sobresalto antiguo
debajo de la piel,
atento al ruido de su paso.

II

Te esperaré,
hora mía entre todas las horas
de la tierra!

No habrá sueño,
fatiga que deponga mi párpado entreabierto.
A espiar tu señal
estuvo siempre el ojo en la vela
y yo espero de ti mi proeza o mi magia.

Como bajo la carpa de los circos,
del trapecio más alto
cuelga al fin mi cabeza ardiente y elegida.

Como en las noches de Noruega
dora al fin mi vestigio tu lumbre más alta.

Soy el viajero que va al sur,
descúbreme cantando la tierra de tu paso.

Este es el centro del invierno,
cúbreme ya de todo el fuego.

Haz que mis libros
tengan tu fuerza y mi vehemencia.
Dí al mundo: "Amó, luchó".
Limpia, al fin, de mis cosas
el polvo impersonal,
extiéndeme desnudo,
casi aterido,
entre tus manos diestras.
Que de algún modo sepan
que no todo fué inútil,
que tuvieron sentido mi impaciencia,
mi lamento, mi canto.

(*Moscú, 1963*)

—under my fogged glasses—
the astonishing day before,
seeing it old and young.

All
the houses I know
will be its only house,
all my life's angers
will be its only anger,
all my mother's fears
will be its only fear,
all the bodies
I've desired will be its only body,
all the hungers I've endured
will be its only hunger.
But I'll keep still
so it will not discover
the ancient fright under my skin,
alert to the sound of its step.

II

I'll wait for you,
hour of mine among all the hours
of earth!

There'll be no dream,
fatigue, to cast aside my partly-open eyelid.
Atoning for your sign
the eye was always watchful;
from you I'm waiting for my prowess or my magic.

As if under the circus tent,
at last my ardent chosen head hangs
from the highest trapeze.

As in the nights of Norway
at last your highest light gilds my remains.

I am the traveller going South;
make me know, singing, the earth of your footsteps.

This is the middle of winter,
now cover me with all the fire.

Give to my books
your strength and my vehemence,
Say to the world: "He loved he struggled."
The impersonal dust free finally
from my affairs,
stretching out naked
and nearly stiff with cold,
I lie between your right hands.
Somehow let them know
that it was not all useless,
that my impatience, my lament, my song
made sense.

Elinor Randall

COMO UN ANIMAL
A Cesar Leante

Como un animal
viniste a lamer a lo largo de mi vida
para verme escribir
o desertar cada mañana.

Por las noches
viniste a traicionarme,
a escupir sobre mi cara,
a morderme.

Miseria, mi animal,
ya hemos hecho justicia.

Entre los cubos de basura
de mi pueblo, sin nada que comer
en el fondo; entre las gatas
que me miraban con tus ojos
y el dolor de una vida que escocía
para perderme,
tú te instalabas cada noche.

Ahora puedo mentarte
con piedad, ahora mi mano
se hunde en la Revolución
y escribe sin rencores;
ahora golpeo
la mesa con un puño
alegre y seguro.

¡Ya hemos hecho justicia!

DICEN LOS VIEJOS BARDOS

No lo olvides, poeta.
En cualquier sitio y época
en que hagas
o en que sufras la Historia,
siempre estará acechándote
algún poema peligroso.

LIKE AN ANIMAL
for Cesar Leante

Like an animal
you came to lick along the length of my life
to watch me write
or forsake it each morning.

In the nights
you came to betray me,
to spit on my face,
to gnaw at me.

Misery, my animal,
now we have made justice.

Among the rubbish bins
of my town, no food-scraps
at the bottom, among the cats
that watched me with your eyes
and the pain of a life
that was smarting to lose me
you settled yourself in each night.

Now I can speak of you
with compassion, now my hand
is plunged into the Revolution
and writes without bitterness;
now I pound the table
with a sure and joyous fist.

Now we have made justice!

Tom Raworth

THE OLD BARDS SAY

Don't forget it, poet.
In whatever place or epoch
you make
or suffer History,
there'll always be,
lurking in ambush,
the dangerous poem.

Anthony Kerrigan

71

'ÉSTA NO ES UNA CARTA PARA ABRIR'

Ésta no es una carta para abrir
en un día de primavera, es una carta abrir cualquier día de la vida.
Aquí no se dice nada absolutamente original.
Aquí se dice sencillamente que un hombre amó a una mujer
y que esa mujer le amó a él, que todavía hoy se puede ver el rastro de ternura
que ambos dejaron en las calles de aquel tiempo.
Si siguiendo ese rastro alguien afirma haberla visto a ella,
a veces, derritiéndose con sus rosas invisibles a la entrada de cierta pizzería de
                                                                    Consulado,
a las doce, o haberlo visto a él con su capote de niebla
simulando que espera la guagua, junto a las graves piedras
del antiguo Teatro Nacional (cuya esquina, a las seis,
era entonces la más importante *parada* del mundo), y luego,
en un último intento, ya con el crepúsculo, haberlos visto
a ambos avanzar — siempre por separados y sin abandonar nunca
la vieja ruta, ni callar las cadenas — hacia
las tiendas, hacia los parques, entre aullidos, convertidos en
humo, hasta que por fin la noche los ha devuelto a sus tumbas,
ello es seguramente una historia de fantasmas
que pudiera, no obstante, ser cierta ... Al menos, en parte.

'HEMOS PADECIDO LA MANÍA DE CREER'

Hemos padecido la manía de creer que inventamos el amor,
de creer que nuestros besos fueron los únicos besos
que se alzaron o rodaron para siempre
aquel invierno, aquella primavera: que nuestro dolor fue el más grande dolor,
que el mundo terminó cuando nosotros terminamos,
que tú fuiste la única bella, que yo fui el solo, triste,
el único que miró con intenciones amorosas bajo las ruedas de las guaguas.
Pero nada de eso es cierto y yo estoy aquí para desmentirlo.
Y sin embargo, amiga, ¿quiénes
pudieron haberse amado, mordido y clavado las uñas
con tanta decisión como lo hicimos nosotros? ¿Quiénes?
¿Quiénes pudieron haberse telefoneado con tanto amor,
haber comido tan dulcemente en una misma mesa,
haber sido tan tiernos, tan desnudos,
tan llenos de poemas,
ni haberse dicho adiós con tanto odio como nos odiamos tú y yo aquella tarde al
                                                        final de la calle de La Unión,
apenas sin palabras? ...

Rafael Alcides (b. 1933)

'THIS IS NOT A LETTER TO BE OPENED'

This is not a letter to be opened
on a day in Spring, it is a letter to be opened any day of your life.
It doesn't say anything original.
Only that a man loved a woman
and that she loved him, and that even today you can see the traces of tenderness
they both left in the streets at that time.
If anyone follows these traces and claims he has sometimes seen her,
melting into thin air with her invisible roses at the door of a certain pizzeria on
                                                Consulado street,
at midnight, or that he has seen him in his overcoat of mist
pretending to wait for the bus, under the heavy stone blocks
of the old National Theatre (whose corner, at six o'clock,
was then the most important 'bus-stop in the world), and then,
as a last piece of evidence, that he has seen both of them, when dusk was already
                                                falling,
walking—always like strangers to each other but never straying
from the old route they took, nor bothering to silence their chains—
towards the shops and the parks, between the cries of people, turning into
smoke, until the night returned them to their tombs at last,
certainly it would be a ghost story he'd be telling
but which could be true . . . At least, in part.

'ALL THAT WINTER, ALL THAT SPRING'

All that winter, all that spring, we went crazy thinking that we'd invented love,
thinking that our kisses were the only ones in the world
and that they'd rise up and go floating on for ever;
that our sorrow was the greatest sorrow,
that the world would stop turning when we stopped loving,
that you were the only beautiful woman, and me the only lovesick man,
the only man who waited at the bus-stop with amorous intentions.
But none of this is true and I am here to deny it.
Only, my friend, who could have
loved, wounded, clung to each other
as decisively as we did?
Who could have 'phoned each other with so much love,
have eaten so happily together at the same table,
have been so tender, so naked together,
so full of poems,
and who could have said goodbye with as much hate as we felt for each other that
                                                evening at the end of Union Street,
almost speechless with hate? . . .

Donald Gardner

73

LISTA DE COSAS QUE SABEN HACER LAS MANOS

(Para colocar en lugar bien visible de la alcoba)

A David y Elsa

Llegan las seis de la tarde
y mis manos te aman rápidas por debajo de la blusa.
por debajo de la falda, un
pedazo de muslo, en la oficina,
a la salida del trabajo.
antes de llegar a la casa.

Llegamos a la oscuridad de la acera,
detrás de una máquina,
y mis manos te vuelven perra
(antes te habían dicho cosas que yo no podría,
porque mis manos siempre comienzan diciéndote cosas
que no están en el diccionario).

Al día siguiente es sábado
y mis manos te buscan por la ciudad,
te arrasan en las esquinas,
en los cines, en los bares, junto a los árboles.
y vuelves a ser perra,
tal vez yegua, mi amor.

Así cada día
mis manos te vigilan, te aguardan,
te cercan. Sabes ya que no hay escapatoria:
mis manos te han rodeado para siempre
y empiezas a bajar de peso,
los ojos se te hunden, tu marido sospecha.

Pero no importa. Once
meses hace hoy que aprendiste que para el ancho de tus caderas
se hicieron mis manos
y quisiste celebrarlo,
en los peldaños altos de unas escaleras.

(Por fin has perdido el juicio,
me dije. Por fin has descubierto lo que nos faltaba:
¡el mundo ha sido poblado por mis manos!

Eso que flamea en aquella asta es una mano mía
y aquel semáforo es mi otra mano;
ese edificio ya nunca más será un edificio.
sino mis manos, y hacia mis manos seguirás huyendo,
de nuevo a ser perra, veloz,
despavorida, como todas las tardes,
mientras el inteligente de tu marido se divierte con otra.)

A LIST OF THINGS HANDS CAN DO

(To be hung in the most visible place in the bedroom)

To David and Elsa

    Six o'clock comes around
and my hands love you quickly under your blouse,
under your skirt, up
to your hips, in the office,
at the end of the day's work,
before going home.

    We come out on to the darkness of the sidewalk
behind a car,
and my hands make you into a bitch
(before that they had told you things I couldn't,
because my hands always begin by saying things
not to be found in the dictionary).

    The next day is Saturday
and my hands search the city for you,
they raze you on the corners,
in the movies, in the bars, beside the trees,
and turn you into a bitch again,
perhaps a broodmare, my love.

    The same way every day
my hands watch for you, wait for you,
surround you. You know, now, there is no way out;
my hands have surrounded you forever
and you begin to lose weight,
your eyes look sunken, your husband suspects.

    But it doesn't matter. Today
it's eleven months to the day that you've known
that my hands were made for the width of your thighs
and you wanted to celebrate
by climbing to the top steps of a ladder.

    (You've finally lost your wits,
I told myself. You've finally discovered the only missing fact:
the world has become inhabited by my hands!

    The flag waving on that flagpole is one of my hands
and that semaphore is the other one;
that building won't ever be a building again
but my hands instead, and you'll go on fleeing into them,
once again to be a bitch, fast,
frightened every afternoon,
while your bright husband amuses himself with somebody else.)

Ahora, sin embargo,
en la estación de policía, no sabes qué contestar;
decir por ejemplo que la culpa ha sido de mis manos
(¿lo dirías?). ¡Que se vayan al diablo
el sargento, los vecinos,
tu propio marido, que aún no se ha enterado,
y que vivan mis manos, amor!

Mis manos dulces de besar en tus rincones,
de hacer trenzas, barcos,
ferrocarriles,
cien mil extrañas cosas con tus senos.

¡Con sólo separar tus piernas, amor,
mis manos despiertan el barrio!

Now, nevertheless,
in the police station, you don't know what to answer:
to say, for example, that my hands were to blame
(would you say that?). They can go to the devil!: ·
the sergeant, the neighbors,
your own husband, who hasn't really found out,
and Up my Hands! my love.

My hands are sweet from kissing your hiding places,
from weaving braids, making boats,
trains,
a hundred thousand strange things on your breasts.

Just by spreading open your legs, love,
my hands wake up the neighborhood!

Anthony Kerrigan

'NO PUEDO HABLAR DE ÉL'

No puedo hablar de él como no era
por eso en mí el decir:
No fue poeta.
Los versos que escribiera, balbuceaban la voz,
iban saliendo,
pero por muchas cosas se quedaron
a mitad de camino.
No fue pintor.
He visto emocionado los dibujos
y sin embargo: la mente, el corazón, la mano,
quedaron en el aire como un trazo empezado.
No fue músico.
Porque aquellas sonatas
eran signos borrosos, no cuajados,
que sólo algunos pocos escucharon.
No fue padre.
Se guardó su simiente en la pureza
de los hijos futuros.

Fué un niño a quien recuerdo
diciendo afirmativamente y siempre:
Quiero.
¡El ser que mutilasteis,
asesinos,
era, en resumen, todo lo posible!

César López (b. 1933)

'I CAN'T TALK ABOUT HIM'

I can't talk about him except the way he was
that's why I have to say:
He wasn't a poet.
The verses he wrote, the voice shook,
they emerged,
but for many reasons remained
half way along the road.
He wasn't a painter.
Moved, I have seen the drawings
and still: the mind, the heart, the hand,
stayed in the air as a brush stroke begun.
He wasn't a musician.
Those sonatas were blurred
signs only, nothing fixed or finished,
and only a few listened.
He wasn't a father
He kept his seed in the clear waters
of future children.

It is a child I remember
saying always and surely:
I want.
The man you mutilated,
assassins,
was all it is possible to be!

Margaret Randall

'CUANDO ALGUIEN MUERE'

Cuando alguien muere
y casi, si es posible, en el momento
ocurre el nacimento de la misma persona
como la quieren ver, pequeño niño,
los que la rodeaban.
Las ropas de un recuerdo colectivo
a la cima lo llevan: Hijo sin padres, huérfano
de cuyo crecimiento
todos se desentienden, deseando
que sea así, de esta manera
grande, moreno o rubio, fuerte, enjuto . . .
determinando ocultos, su destino.
Pero de todas formas éste se escapará y ni siquiera
tendrá una semejanza con su origen de muerte,
y desarrollo
distinto a la imaginación irá teniendo.
Convertido en alguna cosa más o menos bella
al volver me serás desconocido,
diferente como la imagen de Dios de los muchachos
la que algunos
te habrán de atribuir con deducciones
de todas tus sonrisas y tus gestos.
Quiero, amigo, me supiste hermano,
apartarme, alejarme, lúcidamente huir
del nacimiento-muerte que te han dado,
y creo que tú tendrás que perdonarme
el tiempo que nos ha transcurrido: Ahora
no se puede mentir ni aun "no queriendo".
Y también haber tomado prestadas otras voces,
pero ésas, hace mucho que quería decírtelo,
son claras y esforzadas voces en nuestra lengua,
sí, hablan idiomas diferentes pero una sola lengua eterna.
¿Me comprendes? Ya sé . . . también
en muchas veces han guardado el silencio.

'WHEN A MAN DIES'

When a man dies,
possibly at the precise moment of his death,
the same man is born again
like a little child,
as the people who were close to him would like to see him.
The goods of a collective memory
arrive at the terminus: Child with no parents, an orphan,
no-one bothered to notice
how he was growing, wanting him
to be this way or that,
tall, dark or fair, strong, slender . . .
secretly determining his destiny.
But this man will slip free from all the forms they give him
and will be nothing like his origin in death,
and will go on developing
differently from what anybody could imagine.
They will make you into something better or worse than you were
and when I return I won't recognise you;
the picture people will draw of you,
a composite portrait of all your smiles and gestures,
will be as probable
as the image little children have of God.
I want to escape, my friend—I was your brother, you said—
to make as clear-cut a getaway as possible
from the birth and death they have dealt you,
and I think you will forgive me
that we've been separate so long: Now
no more lies or even excuses are possible.
And forgive me also if I've borrowed from other voices,
but these ones—it's been some time I've meant to tell you—
are clear and virile voices of our own language,
different dialects, it's true, but the language they speak is one
and eternal.
Do you know what I mean? I'm sure of it now . . . Also
they have kept silent very often.

Donald Gardner

'QUE LE OCURRIÓ'

Qué le ocurrió, tan buena
moza como era; con aquella cintura pequeñísima sobre sus móviles caderas
o bajo aquellos senos separados, rotundos.
Cuando andaba de prisa, por las calles del barrio se escuchaba
su paso y desde el fondo del patio de su casa
se podían adivinar muchas de sus canciones.
¡Ah, pero cómo, preguntar así, de esta manera, como si hubiera
sido fácil! (Esa es la única manera acuñada de preguntar
en tal asunto; de la ciudad se trata) ¿Qué le pasó a la negra?
¿O es que acaso una negra no puede suicidarse?
Pero era tan bonita, tan dulce, en fin tan buena
que una señorita vieja, solterona y muy caritativa, dijo
que no parecía que fuera una verdadera negra. Y es que era tan bonita
que nadie la miraba, en realidad no es que nadie
la mirara, sino que nadie la miraba como ella quería que la miraran.
Así era el tiempo en la ciudad ante una negra bella, lo más
que se pensaba y se decía, a voz, a grito limpio casi,
es que estaba muy buena para *templar* con ella: y esta frase
excluía toda otra posibilidad, siquiera una conversación,
un cruzar la calle tomándola del brazo, un conocer a la familia;
y menos un matrimonio como Dios manda. (Dios era muy severo en estos casos)
Se le podía oponer que hay negros y que podía
casarse con un negro. Pero ahí estaba, precisamente, el problema
de sus ojos grandiosos que devoraban libros y revistas, que aprendieron
a ver los finos encajes y los delicadísimos tejidos que en las tardes.
sentada allá en el fondo del patio, bajo los mamoncillos,
esta muchacha hacía. Estaba avergonzada
de que su padre tuviera que ser y seguir siendo basurero.
　　　　¡Ay cómo era
de presumida la muchacha! Y ya era tan difícil, al menos para ella,
llegar a ser maestra. Pero estudiaba mucho y naturalmente
entendía las cosas y soñaba y tal vez
oculta, ante el espejo, no encontraba defectos a su cuerpo.
Cuando bajaba por la calle, cuando muy cortésmente sonreía,
se formaba un tremendo alboroto en la barriada.
Los zapateros, el carbonero, el chino verdulero, los vagos de la esquina.
todos le decían cosas. Ella no quiso nunca repetir esas cosas.
Los otros, pocos, muchachos negros como ella, sospechaba,
pensarían de manera semejante. Aunque estuvieran en el instituto
(no eran por otra parte demasiados) o aunque fueran vestidos seriamente.
Todos tendrían problemas similares. Salirse de la asfixia. Ella afirmaba,
que no debían buscar una muchacha negra para su futuro.

'WHAT HAPPENED TO HER'

What happened to her, to such a good girl?
With her tiny waist above swaying hips
under those wide-spaced rotund breasts.
Whenever she hurried through the quarter her gait
brought a silence, and from the back of her patio
her songs could be lightly heard.
Ah, but how to ask this simple question, as if it had
been an easy thing to do? (Yet it's the only accepted way of
asking in such a case, in this city.) What happened to the negress?
Or can't a negress take her own life if she wants to?
But she was so pretty, so sweet, in short, so good,
that an older woman, unmarried and most charitable, said
she did not seem like a real negress. And the fact is she was so pretty
that no one looked at her: or rather, it was not that no one looked *at her*,
but that no one looked at her the way she wanted to be looked at.
And such was the temper of the city toward a lovely negress: the most
anyone thought or said, aloud, almost at a shout,
was that she was very good to "tune up with"; and this phrase
excluded every other possibility, even a conversation,
or taking her arm to cross the street, or saluting her family;
even less a marriage in accord with the laws of God. (God is very severe in these
cases.)

She might have been told that there *are* Negroes and that she could
have married one of *them*. But that was the very heart
of the problem posed by her grandiose eyes, which devoured
books and magazines, which learned to see the delicate lace and finely
woven fabrics she worked on, in the afternoons, under the trees.
She was ashamed
that her father had to be and go on being a garbageman.
        Oh she was
so presumptuous, that girl! And it was already so difficult, at least for her,
to ever become a teacher. But she studied a lot and naturally
understood a lot and she dreamed, and even perhaps,
secretly, in front of the mirror, she did not find anything wrong with her body.
When she went down the street, when she smiled very courteously a great clatter
swept the quarter.
The cobblers, the charcoal vendor, the Chinese vegetable man, the idlers on the
street-corner,
all said things to her. She never cared to repeat the things.
The others, the few of them, black like her, thought, she suspected,
in the same manner, even though they went to the Institute
(there really weren't very many of them), or even though they were correctly
dressed.

They must all have had similar problems: to save themselves
from asphyxia. She affirmed
they should not look to a black girl for their future.

Cuando vio el cuerpo blanco de su amado, cuando abrió las piernas
y se sintió profundamente penetrada y cerca, tibiamente,
bajo su aliento, y cuando resbalaron sus manos, estrenándose,
por los suaves vellos del pálido vientre del hombre . . . Pensó
que la pesadilla terminaba. Era una vez que para ella fue una vez
y nada más; fue siempre.

Por eso en el fin de la tarde, de septiembre, anochecía y las luces
aún no se habían prendido, un bólido candente, una llama
se tambaleó saliendo de aquella casa humilde. No se le oyó gritar,
correr tan solo, su cuerpo todo fuego, envuelta en el alcohol
y en un olor terrible, un espantoso hedor insoportable.

Hubiera sido hermoso el hijo, pero naturalmente
nunca hubiera sido aceptado por el padre. Esta es toda la historia, más o menos.

El apuesto joven salió rápidamente a dar un largo viaje al extranjero,
quizá sintió una pizca de remordimiento. Pero había
tenido a bien, en el momento único, cuando su sexo y sus muslos
se mancharon de sangre, darse una buena ducha y con gran prisa
ponerse un par de calzoncillos limpios.

When she saw the white body of her lover, when she opened her legs
and felt herself profoundly penetrated and near, warm,
under his breath, and when her hands, for the first time,
slid over the smooth down of the man's white belly . . . She thought
that the nightmare was over. It was one time for her that was one time and nothing
else: it was forever.

Thus at the end of that afternoon in September, when it grew dark and the lights
had not yet been lit, an incandescent meteor, a flame
went reeling out of that humble house. She was not heard to cry out;
she only ran, her body all afire, enveloped in alcohol
and a terrible odour, a frightful and unbearable stench.
The child would have been handsome, but naturally
no one would have been accepted as its father. And that's the whole story, more or less.

The elegant young man left on a quick trip to foreign parts:
perhaps he felt a touch of remorse. But he had thought
it sensible, at the unique moment, when his sex and his thighs
were drenched in blood, to give himself a good shower, in a great hurry
and to change to a pair of clean underpants.

Anthony Kerrigan

OFELIA EN LA LLUVIA

Llueve
y vienes a mi silencio
como una gota muy alta
que nadie conoce
Mi corazón crece con la lluvia
y estás en él como un pájaro preso
con toda la libertad del canto
Mi sangre te rodea y te besa las manos
Eres
esposa
el idioma de mi poesía
la boca que busco para cantar
estás ahora en todos los grises del agua
y en los brillos de la lejana ciudad
en el viejo que guía su carro
con una capa negra sobre los hombros
en el gato que se achica en las raíces del árbol
en la piedra que juega con el día
en aquella hoja lila que golpea los mármoles
Estás en esta razón y en este sentimiento
como una marca para caminantes
Llueve
y me invades de vida.

OPHELIA IN THE RAIN

It is raining
and like a drop of water from a great height
which no-one knows about
you fall on my silence
My heart fills with the rain
and you are in it like a caged bird
but singing freely
My blood surrounds you and nibbles at your hands
You are
the bride
and idiom of my poetry
the mouth I look for when I need to sing
Now I find you in the different grey shades of the water
and in the far-off lights of the city
in the old man with a black cloak on his shoulders
who drives his cart
in the cat making himself small by the roots of a tree
in the stone that echoes the daylight
in this lilac bush breaking through marble
You are in this poem its discourse its feeling
like a signpost for travellers
It is raining
and you invade my life.

HISTORIA MUY VIEJA

"Al efectuarse excavaciones arqueológicas en Novgorod, se encontró un trozo de esquela garrapateada en la corteza de un abedul. En ella, un joven de Novgorod de nombre Nikita, hace 700 años, por intermedio de su amigo Ignat, ofreció su mano y su corazón a Uliana, muchacha a la que él amaba."
(Gacetilla aparecida en un periódico.)

Muy adentro de la tierra
bajo duras capas de lluvia y de leyenda
más abajo del olvido
              y del recuerdo
entre ríos de palabras secas
una mano trémula escribió en la corteza de un árbol
          —Te quiero Uliana

Fue en Novgorod
Había pájaros en torno
Había trigo claro y abedules

El tiempo se ha puesto más viejo desde entonces
y más nieve ha caído sobre los pomares
y más sombra sobre Uliana y su ángel
más otoños sobre el corazón y la piedra

Novgorod con sol hace setecientos años
Tú no reías entonces
            como Uliana
ni yo te quería
Tú eras un poco de brisa en la espiga
Yo
una laja del río o un ciruelo quizás

Tú eras la paloma del campanario
o la cebolla en la mesa de Uliana
Yo
el cordero en el horno o el cántaro a la entrada
Uliana era querida a nuestra sombra

Todo aquello ha pasado
Hemos venido nosotros
El amor sigue intacto
como cada mañana el sol
Ahora Uliana es el geranio que alumbra tu ventana
y su novio es
          quizás
este pedazo de pan dulce que te brindo.

ANCIENT HISTORY

*"Archaeological excavations in Novgorod have revealed a
note-scrawled in the bark of a birch-tree. On it, 700
years ago, a young man of Novgorod called Nikita, with
the help of his friend Ignat, offered his hand and heart
to Uliana, a girl whom he loved". (Newspaper item.)*

Deep in the earth
below bitter cloaks of rain and gravestone inscriptions
lower than forgetfulness
                    and memory
among rivers of dry words
a trembling hand cut on the bark of a tree
                  —I love you, Uliana

In Novgorod
Seasons of birds
Seasons of bright corn and birch-trees

Time has grown older since that time
more snow has fallen on the apple-orchards
more shadows on Uliana and her angel
and more autumns on the heart and stone

Novgorod and the sun seven hundred years ago
You weren't smiling then
                  like Uliana
Nor did I love you
You were a little breeze in the ears of corn
and I
was a plum-tree maybe or a stone slab in the river

You were the pigeon in the bell-tower
or the onion on Uliana's table
and I
was the lamb in the stove or the pitcher at the door of her house
Our ghost was kind to Uliana

That is all over
It is our turn
Love goes on unchanging
like the sun every morning
Uliana is now the geranium that brightens your window-ledge
and her lover is
              maybe
this piece of pan dulce that I cut for you.

                                      Donald Gardner

BEST-SELLERS

Marco Polo (ver el diccionario) ha servido
para que editores poco escrupulosos invadieran
el ámbito de la tiras cómicas, sin haber viajado
nunca por Mongolia ni por los dominios de Kan Kubilai.

Mayor es el éxito de Tarzán, siete siglos más tarde,
quien sin moverse de sus fecundas selvas africanas,
pobló los sueños infantiles de varios continentes.
En las historias dominicales, en las películas, éste
aparece saltando entre lianas aceradas y más bien
desnudo que admirable. En un terreno similar, operó
el fantasma que camina, misteriosamente protegido
por su antifaz escueto. El fantasma, con dos pistolas
y un raro atuendo de cosmonauta mal vestido.

Así las cosas, se transformó la historia en un negocio
pródigo y funesto: Leonardo da Vinci ocupó el mismo
espacio que el Spirit y Thomas Edison se comparaba
al Príncipe Valiente, según los gráficos estadísticos
de las celebridades, en la Democracia occidental.

Anótese para cuando se inicien los recuentos,
hasta dónde ha subido la barbarie en la bandera
de los rascacielos.

HALLAZGOS

Hallo un cablegrama:
Santiago. Enero. A las 12 meridiano:
"Estás".
Debajo aparece su nombre,
sin ningún error apreciable. Su nombre
que por aquellos días cubría una extensión
considerable del universo. Después está el vacío,
(lo que se ha dado en llamar el vacío),
dominando un espacio impreciso de tiempo.

Pero aquí falta mi versión:
Camagüey. Domingo diecisiete. Punto.
"No estás".
Debajo vendría bien mi nombre, mi apellido,
el mes de octubre, como una prueba.
Y dos epitafios definitivos
que no se me ocurren por ahora.

BEST SELLERS

Marco Polo (he's in the encyclopaedia) has been a help
to mini-scrupled editors as they invade
the world of comic strips,
he saves them the sweat of travelling
to Mongolia or the dominions of Kubla Khan.

Seven centuries later, Tarzan's an even greater success.
Without even stirring from his luxurious African jungle
he colonizes the childish dreams of several continents.
In comic sections, in movies, watch him
leaping between lianas made of steel,
three-quarters naked but one hundred per cent admirable.
The Wandering Phantom operates in a similar landscape,
mysteriously protected by his stark mask. The Phantom,
with his twin pistols
and the weird costume of a badly-dressed cosmonaut.

That's how it goes, history becomes an enormous and dismal
business deal: Where Leonardo da Vinci stood, The Spirit stands
and Thomas Edison equals Prince Valiant
according to the statistical celebrity ratings
of western Democracy.

Until the day when all the old debts have to be paid
note down how high cruelty climbed
in the banner of the skyscrapers.

FOUND

I find a cablegram:
Santiago. January. 12 noon:
"You are".
Underneath his name appears
without any apparent mistake. His name
which in the old days covered a considerable
proportion of the universe. Below is an empty space,
(which they have called an empty space),
dominating an indefinite stretch of time.

But here my story begins to break down:
Camaguey. Sunday the seventeenth. Full stop.
"You are not".
Underneath should be my name, my surname,
the month of October, as proof.
And two definitive epitaphs
which I can't think of at the moment.

Adrian Mitchell

HOY DOCE DE SEPTIEMBRE EN CÓRDOBA

No sé quién es Santiago Pompillón,
pero está muerto en Córdoba. Su cadáver
hoy doce de septiembre, fué robado de un hospital,
metido en la sombra y enterrado también
entre otros expedientes. No conozco a aquellos
que le buscan, que golpean en las paredes, gritando
el nombre del compañero caído bajo Onganía.
Y sin embargo debo informar que esta mañana,
como por arte de magia negra, el estudiante
Santiago Pompillón ya no respira, ya no levanta un cartel
contra la tiranía, ya no sueña.
Es ahora un muerto implacable en su Argentina.

No sé quién es, no lo conozco. Pisoteado
por gorilas menores, amenazado por el polvo,
sin un arma a la hora de morir, el semejante
Santiago Pompillón, hoy doce de septiembre en Códoba.

TODAY, THE TWELFTH OF SEPTEMBER, IN CORDOBA

I don't know who Santiago Pompillón is
but he died in Córdoba. His body
has just been stolen from the hospital,
taken out of the spotlight, so to speak
and buried . . . this among other expedients.
Nor do I know those who seek him,
the ones who pound the walls, shouting
the name of this compañero who fell
under the tyranny of Onganía. Even so
I must report that this morning
as if by some evil spell, Santiago Pompillón
suddenly stopped putting up a poster.
He also stopped breathing, and now
will never again even dream. Yes
in his own Argentina, he is undeniably dead.

No, I don't know who he is.
I don't know him at all, this
unarmed student without a gun at his hour of death
and a group of pimply-faced soldiers
stamped him into the dust. This took place
today, the twelfth of September, in Córdoba.

Lionel Kearns

ÉSTE ES MI QUERIDO SIGLO

Éste es mi querido siglo
éstos mis compatriotas
airados defensores de la luz—
ésta mi edad
éstas mis flores de los búcaros
para los que cesaron de andar entre nosotros
éstos mis humos de altas torres
edificando las nubes de la tarde
éstas mis frutas que maduran
éstas mis ojeras colgando
de la noche
éste mi aliento de pantera
desayunando senos en una madrugada
éstos los ojos de niño
con que deambula mi rostro parcialísimo
éste mi antiguo esqueleto de niño ingenuo
éstos mis pájaros volando
que devoro
ésta la nariz de abeja
con que atisbo el interior humano
éstos los caminos
éste el polvo
éstos los años
ésta la existencia que me asignaron
para impugnar y defender el privilegio de la vida:

Yo paseo por aquí
como por la orilla del futuro

THIS IS THE CENTURY I LOVE

This is the century I love
these are my fellow-countrymen
furious defenders of the light —
this is my time
these are the flowers I've left in earthenware vases
for those who can't walk with us any longer
this is my smoke from high towers
building clouds in the afternoon
this is my ripening fruit
these are the lines under my eyes
suspended from the night
this is my courage like the panther's
eating breasts for breakfast in the dawn
these are the eyes of a child
with which my biased face drifts by
this is my prehistoric skeleton
which once belonged to a candid child
these are my vibrating eyelids
I chew them
this is the bee's proboscis
which I use to explore the inside of mankind
these are the roads
this is the dust
these are the years
this is the life assigned to me
to question and cross-question the privilege of living;

I walk by
on the shores of the future

Adrian Mitchell

EPITAFIO

A usted mi abuelo
A sus malas palabras
A sus cólicos agudos
A las célebres egoístas uvas de su Nochebuena
A su cama rígida
y los bordados japoneses

A usted bondadoso
A quien recuerdo tanto
y agradezco sellos y blasfemias
Para que descanse en paz
con la tierra y mi abuelita
dedico esta inscripción sagrada:

PATRIA O MUERTE
AMÉN

FE DE ERRATAS
Para Pablo Armando
Para Denia

Donde dice un gran barco blanco
debe decir nube
Donde dice gris
debe decir un país lejano y olvidado
Donde dice aroma
debe decir madre mía querida
Donde dice César
debe decir muerto ya reventado
Donde dice Abril
debe decir árbol o columna o fuego
pero donde dice espalda
donde dice idioma
donde dice extraño amor aquél
debe decir naufragio
en letras grandes

EPITAPH

To you my grandfather
To your foul language
To your wretched attacks of heartburn
To your famous egotistical grapes of Christmas Eve
To your rigid bed with its Japanese trimming

To you and your generosity
to which I am grateful
for postage stamps and blasphemies
so that you may rest in peace
with the earth and my grandmother
I dedicate this sacred inscription:

HOMELAND OR DEATH

AMEN

ERRATA
for Pablo Armando
for Denia

Where it says large white ship
it should say cloud
Where it says gray
it should say a distant and forgotten land
Where it says aroma
it should say my dearest mother
Where it says Caesar
it should say dead and already burst
Where it says April
it can say tree or column or fire
but where it says back
where it says language
where it says that strange love
it should say shipwreck
in large print

Lionel Kearns

INVENTARIO

Poner aquí los días y los noches
y las horas y los minutos
y los alfileres y las precauciones
y los cuartos de hotel y los ardientes
mediodías de julio y las preguntas
y las dudas y las imprecaciones
y lo que fue y no fue y lo que soñamos
y el almuerzo y cuidado que se quema
y la poca vianda y la esperanza mucha
y tus cambios, mis cambios, nuestros cambios
y la manera igual de ser distintos
a cada paso y las necesidades
y mi barriga y tus hermosas cosas
de ser, de estar, de continuar, de ir,
de volver, de quedar, de te amo tanto
y el abrazo y el beso y el engaño
necesario para llegar a la verdad
y las palabras y las palabras y
las palabras y siempre las palabras
que dicen o no dicen y qué bueno
cuando dicen casi sin darnos cuenta
y lo importante de esto y de lo otro
y el amigo que mira y sonríe
al pie de una botella de cerveza
y el poco espacio para tantas cosas
y, en fin, la vida, en fin, la vida, en fin.

INVENTORY

To make a note of the days and the nights
and the hours and the minutes
and the tips and the precautions
and the hotel bedrooms and the burning
days of July and the questions
and the hesitations and the quarrels
and what happened and what didn't and what we dream will happen
and the lunch we cook and care lest it burns
and how little meat there is and how much hope
and the changes you go through, my changes, our changes
and how we are both alike in being different
every minute and the things we need
and my belly and your body, the beautiful way
you are and live and carry on and go away
and come back and stay and of how much I love you
and the kisses and caresses and the tricks we play
to get at the truth
and the words and the words and
the words and always the words
which say something or which don't and how good
when they say something almost without us noticing it
and how this thing is important and how that thing is
and the friend who smiles and gazes at us
through the bottom of his upturned beer-bottle
and how little space there is for so many things
and, in the end, life, in the end, life, in the end.

CAMAGUEY, NOVIEMBRE 30 DEL 66

Chusín:

　　　　　Acabo ahora
de llegar del correo, donde te he puesto un telegrama
con una de esas pequeñas frases en francés
que tanto dicen
porque nos son extrañas y les imaginamos
implicaciones diferentes
de su significado en español; es un defecto
que nos gusta conservar, que adquiere
categoría de conspiración y es grato
– como decías al principio –
tener pequeñas cosas que compartir y entonces
recuerdo la piedra que te traje del Mar Rojo
convertida en botón y cuando miro
este cuarto del hotel – así lo llaman
con gran benevolencia los que en él me alojaron –
inhóspito, regado, impersonal,
donde los libros que conoces y la nueva
Présence Africaine cuya intención habla en favor
de los colonialistas
se juntan à una caja pequeña de cereales
que aquí está por la libre y te he comprado porque sé que te gusta,
me invade una nostalgia matemática
– faltan aún dos días – y al poner matemática
me acuerdo de Tamayo, del negro y sordo y grande y bueno
de Tamayo, a quien seguro las palabras
de Damas en el prólogo de *Présence Africaine*
harían sonreir y decir *este es un negro*
despitado y no le faltará
razón y quisiera otra vez estar – no haber salido
de la estrechez armónica de nuestros cuatro
metros rectangulares, a los que amo en este instante
cuatrocientos y pico de kilómetros más que hace tres días
y quisiera – y no evito las imágenes ingenuas – estar
contigo al pie de nuestra
biblioteca colgante, posiblemente única en el mundo y me doy
a pensar en el modo de abrir la puerta en la pared
para usar la azotea del vecino, que a lo mejor nos niega
ese pedazo de paz que tanta falta
nos hace; el caso es que las cosas
me aburren por aquí, he caminado en viaje de ida y vuelta
estas calles que conozco tanto y cuyos nombres
siempre seré incapaz de recordar y recuerdo
que la última vez fuiste tú quien anduvo
por ellas mientras yo me aburría igualmente
allá en La Habana; por eso me parece que el asunto
no es quedarse o irse sino tener algo que hacer
donde se está y algo que hacer no es
más que tener con quien hacerlo, alguien
– ese alguien que ambos hemos querido
encontrar uno en otro – que responda, Chusín, a las preguntas
y halle mal las pequeñas evasiones;

CAMAGUËY, 30 NOVEMBER 1966

Chusín:
            I've just come back
from the post-office where I sent you a telegram
with one of those phrases in French
which say so much
just because they are foreign and we imagine
that they mean more than
their Spanish equivalents; it's a good fault
and one we'll keep, something like
a secret language between us and it's a good thing
– as you've always said –
to have little things we can share and then
I remember the stone I found for you in the Red Sea
which you wear as a button and when I look at this
clean inhospitable, impersonal hotel
bedroom – as they euphemistically
call it, the people who booked me in here –
where the books which you know already and the new number of
Présence Africaine which talks favourably about
the colonialists
stand next to a little packet of cereal
which grows everywhere here and which I bought you because I know you like it.
I am overcome by a mathematical nostalgia
– still two days till we see each other – and talking of mathematics
I remember Tamayo, big, black, deaf, warm-hearted Tamayo,
who would certainly have laughed
at what Damas says in the prologue of *Présence Africaine*
and would have called him a real Uncle Tom
and he would have been dead right and I wish I was back – wish I had never left
the four square yards where we live, not much room but we're happy there,
and which I love so much now I am
three days away from you and nearly three hundred miles
and I wish I was – and I don't mind if I sound trite –
sitting beside you under the bookshelves we've hung from the ceiling, which I think
are the only ones in the world and then I think
of how the door in our wall opens
onto our neighbour's roof which he lets us use, though it probably denies us
the peace and quiet that we need
so much; the trouble is that I'm
fed up with things here, I've gone up and down
these streets that I know back to front, though I can never
remember their names and I remember
that last time it was you who were walking
up and down them while I was just as fed up
back in Havana; so I think the problem is
not one of staying or leaving but of having something to do
wherever we are and having something to do is only
the same as having someone to do it with, someone
– this someone we've both wanted to find in each other –
someone, Chusín, who would have answers to our questions
and wouldn't have time for the usual petty evasions;

el caso es que te extraño – tu me manges – como dice el telegrama
y extraño tu consejo inoportuno
ahora que se acerca la hora del avión y debo
meter en la maleta todas las cosas que no caben
y seguir a Santiago – donde quizás habrá quince personas
en la charla, como aquí, porque no se hizo propaganda
– eso no es importante – ; yo quisiera, por supuesto,
que miles de personas, de compañeros si es posible,
oyeran las palabras que traje en el bolsillo
del saco y que tú sabes el trabajo
que me costó escribir pero no importa, sé que hay otras cosas
que urgen más y ocupan la atención de estos momentos;
la poesía es por ahora
artículo de lujo porque muchos no saben
(llega un amigo y debo
ir a almorzar con él, vuelvo más tarde)
. . . ahora voy camino al aeropuerto
en un taxi que me ha cobrado más de lo debido
pero yo pienso en otras cosas, pienso que tú eres
lo más hermoso y triste y bueno y agradable y difícil
que me ha tocado compartir conmigo,
que yo no sé, que no sabría
vivir de otra manera, pienso
que tú eres una revolución pequeña entre mis cosas, una
manera ineludible de cambiar las pequeñas apetencias
sustituyendo el caos por una nueva clase de locura
más racional; te quiero así, Chusín, en Camagüey, entre estos árboles
que ahora se detienen – hemos llegado al aeropuerto – ,
entre esta gente que camina organizadamente por la calle
llevando el ritmo
de la revolución en los zapatos; no hay tiempo
para más, ahora debo alejarme otros cuantos kilómetros
que sin embargo acercan el regreso
a nuestra Jauja cotidiana, rectangular, pequeña
como el sonido de tu nombre, como aquellas
sinuosidades de tu cuerpo que ahora, durante todo el viaje,
me acompañan.

the trouble is that I miss you – "tu me manges", as I said in my telegram –
and I miss your unexpected bits of advice
now that it's nearly time to catch the plane
and put all my things in the trunk – and I know they won't fit –
and go on to Santiago – where maybe there will be fifteen people
in the audience, the same as here, because we didn't do any publicity
– it doesn't matter; of course I would like
to have thousands of people, all comrades if possible,
to hear the words in my brief-case;
you know how much work it's been
writing them but that doesn't matter either, I know there are things
which are more urgent these days and take up people's time;
poetry is a luxury at the moment because there are so many people who can't even
(a friend has just come in and I
must go and have lunch with him; I'll carry on later)
. . . now I am on my way to the airport
in a taxi which is more expensive than it should have been
but I am thinking of other things, I am thinking of how you are
the best, saddest, most beautiful, most delightful and difficult
thing that has ever happened to me,
that I can't wouldn't be able
to live in any other way, I am thinking
how you've been a little revolution in my way of life, an
inescapable force for change among my little habits
substituting for chaos a new order of more rational
craziness; I wish so much, Chusín, that you were here in Camagüey among

these trees

which come to an end now – we've reached the airport –
and with these people who walk so easily down the street,
the sound of their shoes
making the rhythm of the revolution; there's no time for more,
I have to fly a few miles further on
but they bring my return nearer
to our everyday Paradise with its four walls which is as small
as the sound of your name, as the beautiful
curves of your body which always go with me
while I'm travelling.

Donald Gardner

RESEÑA

A Mrs. Barbara Philip

Despues de la recepción
la novia
ojos azules opacados por el diverso humo de los perfumes
ya fétidos
la humedad de los autos en un invierno de salón
pipas, teteras,
y su sonrisa enroscada sobre el dulce ombligo
abre las piernas de noche
amadísimo esposo de alas microscópicas
no es preciso que sea hoy.
Los invitados todos han mirado a la cámara fotográfica.

NEWSPAPER ITEM

For Mrs. Barbara Philip

After the reception
the bride,
blue eyes glazed by
scattering, already rotting
perfume fumes,
the sodden air of cars,
the rainy season in the drawing-room,
pipes, teapots,
convulsively smiles above her cosy navel
and opens her midnight legs:
darling husband with your microscopic wings,
it needn't be tonight.
The guests have all been photographed.

Adrian Mitchell

EL ÁNGEL MILITANTE

El ángel descendió sobre aquel país
con su traje de gala, de botones blancos
y sus alas guardadas en un estuche de violín.
Era un ángel púber,
sin apenas vello
en los dos o tres lugares requeridos.
El ángel no era superticioso
y su primera acción fue lanzar puñados
de sal
desde lo alto de una escalera.
Al segundo día, recibió una amenaza
de expulsión
por haber declarado a la prensa
su apoyo a una huelga de choferes

Y como el ángel era colérico
y la policía le intoxicaba (igual que los mariscos)
rompió en mil pedazos el espejo del emperador
y pidió su ingreso en un partido de izquierda.

Orlando Alomá (b. 1942)

THE MILITANT ANGEL

The angel descended on that country
in formal garb, white buttons
and his wings in a violin case.
He was a puberty angel,
not even peach fuzz
in the two or three required places.
The angel wasn't superstitious
and the first thing he did was throw fistfuls
of salt
from the top of the stairs.
The second day he received a threat
of expulsion
for his declaration to the press
in favour of the chauffeur's strike.

And since he was a hot tempered angel
and allergic to police (and seafood),
he broke the emperor's mirror in a thousand pieces
and asked to join a political party of the left.

Margaret Randall

UN HOMBRE

Nadie lo ha golpeado para que actúe o mire
de esa forma entre rencorosa y pequeña
mas se ha ido arrinconando a la pared
pasa por la casa como un mueble o una visita
que no quiere ser inoportuna y ni entra
dejándonos con el temor de si algo apesta

(los hombres acuden a la misma hora al trabajo
se les puede ver temprano aún con pan en la boca
caminar a toda prisa destino a los talleres)
él ocupa su sitio en la comitiva con las manos
nu tanto ásperas y el cuerpo encorvándose
quizás de tantas habituales faenas o de un dolor
que nadie jamás le ha oído delatar

anda como si de otro sitio lo estuviesen tirando
y aún en los fines de semana con el traje nuevo
la alegría ya no es el alegrarse sino una prueba
que hay que pasar en la forma menos dura

la otra noche se vistió como nunca
el vestuario consabido y de alto precio
el perfume limón y los yugos de oro
y al terminar su faena quedó quieto

ella debió advertir que algo se había roto
entre los dedos de aquel hombre semi cano
-no tengo a dónde ir ni en ningún lado me esperan
-sal da una vuelta y coge algo de fresco
lestoy solo (sin crispar para nada la vista en el espejo)
-evantándose y sin mirarla casi al borde de la puerta
-déjame solo por esta noche por favor déjame solo

la ciudad tiene unos pocos escapes que alguien
puede agotar en escasas horas: una buena película
un sitio donde bebernos unos tragos tres o cuatro
parques que nadie conoce y donde a medianoche en un banco
entre adelfas y flamboyanes llora sin consuelo un hombre

A MAN

No one has beaten him to make act him or look
in that half small half bitter way
but he's been huddling at the wall
goes by the house like a piece of furniture or a visitor
not wanting to be inopportune and doesn't even enter
leaving us with the fear of something stinking

(men go to work at the same hour
you can see them early still with bread in their mouths
walking at top speed to the factories)
he takes his place in the group his hands
a little rough his body hunched
maybe from so much of the same job or from a pain
nobody ever heard him complain of

he acts as if he'd been thrown out of another place
and yet by the week's end wearing the new suit
his happiness is nothing to be glad of any more but just a test
he has to undergo in the least arduous way

the other night as never before
he got dressed in the well-known high-priced clothes
the cologne with lemon blossom scent and gold cuff-links
and when his work was over he stayed quiet

she must have noticed something snap
between the fingers of that man whose hair was graying
"i have no place to go there's no one waiting for me anywhere"
"go out for a walk get something cool"
"i am alone" (no muscle twitching eyes on the mirror)
standing up not looking at her almost at the door
"leave me alone tonight please leave me alone"

the city has a few hours: a good movie
a place for a few drinks three or four
parks nobody knows about where on a bench at midnight
among the oleanders and flamboyant trees a man
can weep disconsolately

Elinor Randall

UNA MUJER FATAL

Dedico este poema a la vida,
a sus vecinos, al panadero, al carnicero,
al bodeguero,
a la primera, segunda y tercera persona
del singular, en el Presente de Indicativo.

¿Dónde vive ella? ¿Dónde la mujer, dónde el marido?
Averiguo su paradero por trasmanos. No fue fácil.
Su madre le buscó esposo, le compró la felicidad
en un estanquillo, como se compra una revista.
Ella es obra de la casualidad y de la vieja.
Entonces, prefirió la deshonra. Ahora calla. ¡Pobre!

Caballero, ¿Usted sabe lo que es comerse un cable?
¿No? Pregúntele a ella.
El marido nunca afrontó la situación. Le embargaron
los muebles de la casa y paulatinamente se fue quedando
sola, ella y la soledad, ella y un único armario,
ella y los ganchos de pelo, ella y una flor de papel
ella y la puerta, ella y la araña del techo
ella y el cortinaje florido de su pelo
ella, deshecha, postrado el rostro en la paciencia.

Yo viví en su barrio
conozco la historia, la rebeldía y finalmente
el divorcio.
Ella tenía toda la razón.

DEADLY WOMAN

This poem I dedicate to life
to its neighbours the baker, the butcher
and the grocer
to the first, second and third
person singular of the present indicative.

Where does she live, that woman? And where's her husband?
I sought her address slyly. It wasn't easy.
Her mother had found her a husband, had purchased her
happiness in a tobacconist's as one buys a newspaper.
Chance and the old lady made her.
Then she chose dishonour. Now keeps quiet. Poor kid!

Sir – do you know what it's like to retch after retching?
No? Then ask her about it.
Her husband faced up to nothing. They repossessed
the furniture. And little by little she was left
with solitude, with a single cupboard
with her hairpins and a paper flower
alone with the door, the spider on the ceiling
and the gay curtain of her hair. Finally
broken, her face held together by patience.

I lived in her neighbourhood
knew the story, the rebellion, and at last
the divorce.
She was absolutely right.

Tom Raworth

ASÍ ESTÁN LOS POETAS EN SUS TRISTES RETRATOS

Así están los poetas en sus tristes retratos.
Una pluma en la mano – pavorreal o tinta seca de China.
Todavía hay un brillo lógico en sus pupilas,
o la mano suave sujeta la cabeza que cortó el verdugo.
A la manera de la época ponen su entusiasmo
en el hilo que es su boca.
Creyentes o no, estoicos o rebeldes
anuncian siempre lo porvenir
están en lo más alto de las rocas,
sienten crujir el mar pero no atajan su furia,
beben el ron de las tabernas
y el amor de los labios turbulentos.
Las altivas orejas recuerdan al asno
de quien todos sacan provecho
Pero lo más terrible es lo que escriben,
aquello que nadie se atreve a poner en su boca.

Así están los poetas en sus tristes retratos.
Meditabundos o simplemente coléricos.
Señoritos de aldeas,
padres de familia,
viejos quisquillosos,
mujeres entre tiernas y mañosas.
Algunos engordan con la mala vida y el poco comer,
pero son diestros y sobreviven a sus jueces.
Algunos abandonaron la barba y el bigote
por la sonrisa cínica.
A espaldas de ellos se conjetura
sobre este mundo y los poetas.
A nombre de ellos se oficializa la ternura.

Así están los poetas en sus tristes retratos.
Una ventana o un parque soleado es todo cuanto les pertenece.
Al fondo, se corren las cortinas
mientras en sus lechos de muerte vigila la lechuza.
Robert Browning – por ejemplo –
tenia los ojos tan bellos.
¿ Y quién se acuerda del rostro de Hopkins ?
De Rimbaud hablan elegantemente los jovencitos.
Dante es el signo del terror.
Y Byron amó a su espejo.

Así están los poetas en sus tristes retratos.
Ahora sus rostros cuelgan de una galería
e ilustran una revista.
¿ No les dice nada ese silencio ?

THUS THE POETS IN THEIR SAD LIKENESSES

Thus the poets in their sad likenesses.
A pen in hand – rich as peacock, dry as china ink.
A logical lustre in the eye, still,
unless a gentle hand props up the butchered head.
In the fashion of the time they coil their enthusiasm
into the thread of their mouths.
Believers or not, stoics, rebels,
they continually announce the future.
Seated on the highest rocks
they hear the sea creak but do not stop its fury,
they drink rum in the taverns,
love on turbulent lips.
Arrogant ears remember the donkey
from whom they all get a living.
But the most terrible is what they write –
what no one dares to take into his mouth.

Thus the poets in their sad likenesses.
Musing or simply choleric.
Lordlings of boroughs,
family fathers,
squeamish old men,
women shuttling between caresses and chores.
Some grow fat on low life and little to eat
but they are clever and survive their judges.
Some have exchanged beard and mustache
for the cynical smile.
Behind their backs people wonder
about the world and about poets.
In their name kindness is made official.

Thus the poets in their sad likenesses.
Window or sunny park is all they own.
In the end the curtains are drawn
while the screech owl keeps watch over death.
Robert Browning – for example –
he had such lovely eyes.
And who remembers Hopkins' face?
The young things talk elegantly about Rimbaud.
Dante stands for terror.
And Byron was in love with his mirror.

Thus the poets in their sad likenesses.
Now their faces hang in a Gallery
or illustrate a magazine.
Doesn't this silence tell them anything?

Nathaniel Tarn

VIDA NUEVA

Alighieri, fíjate
'qué cosas tiene la vida:
nacieron contigo tantos papeles,
te convertiste en dios constructor de un infierno,
sudaste sangre, pasaste tantos años
en la guerra, de verdad que hiciste
un montón de cosas y hasta ahí,
no puedo sino decrite que todo está muy bien.

Lo que no te he podido perdonar de ninguna manera
en los años de nuestra terrible amistad
es la teoría de la donna angelicata en general y específicamente
ese asunto, el asunto de Beatriz.
Palabras y palabras
cuando la viste apenas tres o cuatro veces.
¡Ah, no me jodas, viejo!

¿No tenías mujer, madre, qué sé yo,
una vieja nodriza que mascullara insultos
entre dientes, una cuñada gorda,
alguna tía política, social,
de piernas y costumbres y cejas macilentas,
ni estuviste alguna vez
– fíjate bien que no digo siempre, alguna vez
nada más –
en Florencia con una prostituta?

La cosa es mucho más seria,
muchísimo más complicada de lo que tú, Alighieri,
te imaginas.
Pero de todos modos,
basta ya de discordia,
hace ya mucho tiempo
que nos venimos haciendo la vida
y la muerte imposibles.
Vamos a terminar nuestras querellas
y a comenzar de nuevo:
en lo sucesivo
andamos juntos por las selvas,
decimos barbaridades de los güelfos,
inventamos a dios,
clavamos los retratos en los bordes del cielo,
lo que te dé la gana.
Eso sí:
al menos en mi presencia,
no se habla más de esa mujer.

VITA NUOVA

Alighieri, would you believe it –
the things that happen in life:
so many roles were born with you,
you made yourself into a god, constructed a hell,
sweated blood, spent so many years
making war – true you set about
a whole heap of things and up till now
I can't deny that everything's great.

What I haven't been able to forgive you in any way
in the years of our terrible friendship
is the theory of the angelified lady: in general and in particular
this thing, this thing about Beatrice.
Words and more words
when all you saw her was three or four times.
Don't screw me around old man!

Didn't you have a wife, a mother, heaven knows,
an old wet nurse who mumbled insults
through her teeth, a fat sister in law,
some politico aunt, a socialite
with wan legs, habits and brows
and didn't you go even once
– look, I don't mean all the time, but once,
not more –
in Florence with a whore?

The thing is a lot more serious,
very much more complicated than you, Alighieri,
imagine it is.
But, in any event,
enough disagreement,
it's a long time now
that we've been making life
and death impossible.
Let's bury the hatchet
and begin again:
in what happens next
let's walk together through the woods,
let's be real mean about the Guelphs,
invent god,
drive nails through those portraits on the edges of the sky,
anything you fancy.
Only this: at least in my hearing
don't talk about that woman any more.

Nathaniel Tarn

EPITAFIO DE DIOS

Lo busqué en las orugas
Lo busqué en las banderas
Lo busqué tras las casas podridas por el viento
y en las almidonadas con cemento de este siglo
Perseguílo en los libros de los que masticaban
padrenuestros en la soledad de ciertas salas
Lo busqué sobre el plato menguado por el hambre
y aun bajo la cama del insomne más loco
Perseguílo hasta la tumba de ciertos parientes
Perseguílo hasta en las faldas de algunas que creían

No lo hallé ni en la débil soledad de las pústulas

Por ser mito he quedado con mis sogas en alto
El epitafio incumplido por la falta del cadáver

UNA HISTORIA

De joven (de muy joven) tuvo un novio
que la visitaba en su casa los domingos
y los jueves
Se trataba de un sujeto desconocido para el vecindario
gris   opaco   que subía las escaleras
con los dedos agrupados en el bolsillo
tatareando una canción   recitando alguna cosa
un novio de troquel con su horario de médico
vulgar como cualquier otro novio de ese estilo
Pero ella y su novio vivían otra vida   otra manera
de vivir   se veían por las tardes (en la imperdonable
ausencia de su amantísima madre) charlaban del tiempo
de los idiomas que ella conocía   finalizando
bellamente tendidos sin charlar   importándoles
un bledo la mamá   el tiempo   los idiomas
(qué cobardes se portan los relojes en tales coyunturas)

Ahora ella dice que el amor es un impulso
definido por la ciencia
un arranque animal   y asegura que en el momento
de amar no somos *sapiens*
y aborrece y se eriza por las cosas aprendidas
Y se mantiene en sus trece
en sus catorce años que lleva diciéndose lo mismo
(descontando los días que se acuesta temprano
abrazando la almohada   tomando somníferos
pensando que Darwin – el pobre – no puede resolver
todos los problemas)

EPITAPH FOR GOD

I sought Him among the caterpillars
I sought Him among the flags
I sought Him behind the houses rotted by the wind
and among the stony cement houses of this century
I pursued Him in the books of those who masticated
paternosters in the solitude of certain readingrooms
I sought Him on a plate bitten by hunger
and under the bed of the maddest insomniac
I pursued Him into the tomb of known relatives
I pursued Him up the skirts of some girls who were believers

I didn't find Him even in the frail loneliness of a pimple

Because He's a myth I've been left with my ropes dangling
His epitaph unfinished for lack of a corpse

A STORY

When she was young (very young) she had a boyfriend
who visited her at home on Sundays
and Thursdays
He was a fellow unknown to the neighborhood
grey   opaque   who went up the stairs
with his fingers clutched in his pockets
humming a tune   reciting something or other
a boyfriend cast from a mould with his doctor's appointments
as common as any other boyfriend of his type
But she and her boyfriend lived another life   another way
of living   they saw each other afternoons (in the unpardonable
absence of her most loving mother) they spoke of the weather
or about the languages she knew   and finished by
lying beautifully and speechlessly stretched out   not caring
a fig for her mother   or for the weather   or languages
(what cowards clocks are in such a pass)

Now she says that love is an impulse
defined by science
an animal impetus   and asserts that at the moment
of loving we are not *sapiens*
and she abhors and bristles at the things she was taught
And persists in her opinions
in her fourteen years of saying the same thing
(discounting the days she goes to bed early
to hug the pillow   taking sleeping pills
thinking that Darwin – poor man – can not resolve
every problem)

ANUNCIO DE SOLICITUD

A la hora que te pueda volver a poner de espaldas
sobre aquella sábana (sobre otra sábana)
y hablarte cosas   cosa de que tú comprendas
que no soy más que un muchacho entusiasmado
con tus senos   con tu lengua
tu palabrita mi amor qué estás haciendo
tu silencio a minutos   a la hora
que te pueda volver a poner de espaldas o de frente
sobre una sábana blanca o sobre la arena
(lo que también resultaría un suceso memorable)
a la hora esa de romperle los relojes al mundo
y los papeles más legales a la vida
voy a solicitar por todos los conductos
un asombro
si es posible   un asombro tan bárbaro como éste

ADVERTISEMENT

The day I can get you on your back again
on that sheet (or another sheet)
and tell you things   just so long as you realise
I'm no more than a boy enthusiastic
about your breasts   about your tongue
your little talk   my love which you're making
your minute-long silences   the day
that I can put you on your back   or face down
over a white sheet or on the sand
(which would be a memorable feat indeed)
on the day the clocks in the world break up
and the most legal of papers for living are torn up too
I'll solicit by all known ways
a marvel
if that's possible   a marvel as outrageous as this one

Anthony Kerrigan

119

MURUMACAS

Recordando aquello de ser niño,
el preprimario con su ábaco para contar
las penitencias, mi padre quedándose calvo a pesar de los remedios.
el pupitre donde hicimos nuestras más delicadas operaciones,
el pelao a la malanguita, los tenis y el pulover
de toda la semana, el empacho de agua
por no tener merienda y aquellas ganas de ser grande una vez;
en fin, tanta murumaca
y tanto sueño a retortero que
tal vez sería bueno que panchita
la negra
me pasara la mano
por donde ahora me duele
la memoria.

WORRIES

Remembering childhood
the nursery schoolboy counting on his abacus
the penances, my father growing bald in spite of hair restorer
the pudding-basin haircut, the plimsolls and pullover
all week, the shame
of drinking water because I had no lunch
and longing all the time to be grown-up;
in short, so many little worries
and such an ache to return
that perhaps it would be better
if panchita the negress would
stroke my memory with her hand
to remove the pain.

Tom Raworth

ES LO MISMO DE SIEMPRE

a Gloria Nogueras
Roberto Fernández Retamar
Nicéforo Niepce
y Ernesto Cardenal.

Estamos todos sentados a la mesa:
papá se reía, yo chupo un mango,
mamá corta el pan con su vestido a cuadros.

Entonces ocurrió el milagro:
Gerardito apretó el disparador de su
Kodak 120.

Ahora papá está enfermo
pero siempre ríe, yo estoy en otra parte
pero chupo un mango interminable,
mamá se pasará la muerte cortando el pan
con su vestido a cuadros.

THE SAME AS EVER

to Gloria Nogueras
Roberto Fernández Retamar
Nicéforo Niepce
Pablo Armando Fernández
and Ernesto Cardenal.

We were all sitting at the table:
Daddy was laughing, I was sipping a mango juice,
Mother was wearing her check dress and cutting bread.

Then the miracle happened:
little Gerardo clicked the shutter of his
Kodak 120.

Now Daddy is sick
but he's always laughing, I've gone away
but am still sipping an endless mango juice,
Mother will be wearing her check dress and cutting bread
until she drops.

PARQUE CENTRAL ALGUNA GENTE (3:00 P.M.)

el que atraviesa un parque en La Habana grande y floreciente
con mucha luz blanca mucha luz blanca
que hubiera enloquecido al girasol de aquel Van Gogh
esa luz blanca que llena los ojos de los chinos de los chinos fotógrafos

el que atraviesa un parque y no comprende esa luz blanca que se repite casi
el que no entiende de esas horas
da todos los rodeos innecesarios y todas las vueltas
alrededor del parque central de La Habana
el que atraviesa un parque con árboles sagrados
el que pasa con los ojos abiertos y cerrados
amando el golpe de la Revolución en los ojos
el golpe que se llevó en los ojos y en la cintura
el que se sostiene de esa luz puede que sepa de la noche y el vino

porque en los parques y en este que es central el de La Habana
los viejos se sientan en un banco encienden un tabaco se miran y conversan de
                                        la Revolución y de Fidel
los viejos que ahora permanecen en un banco y toman
el sol y toman el sol y toman el sol
para nadie es secreto
allá van dos hombres y una cartera vieja destartalada
una mano regordeta un grito con un sombrero gris
los viejos que se ven al lado de una estatua
del apóstol Martí en 1966 en diciembre de 1966 acabándose el año y esperando
"el aniversario de la libertad y rindiendo homenaje a los mártires" si
a todos los hombres que murieron del pueblo y su sangre
para tomar el sol de la tarde en La Habana Cuba territorio libre de América

el que atraviesa en esa forma el parque este mundo la vejiga de la Revolución
tiene que suspirar
y andar despacio y respirar
y andar ligero y suspirar y respirar y andar despacio
y dar toda la vida

rabiosamente
            compañeros

16 de diciembre de 1966

SOME PEOPLE/CENTRAL PARK/3.00 P.M.

he who walks through a park in La Habana great and flourishing
with a lot of white light a lot of white light
that would have driven mad this Van Gogh's sunflower
the white light filling the eyes of the chinese of chinese photographers

he who walks through a park and fails to understand this white light which repeats
                                                                    itself almost
who fails to understand these hours
makes all the unnecessary trips through and all the side-trips round
the central park of La Habana
he who walks through a park with sacred trees
who passes with his eyes open and closed
loving the Revolution's beat in the eyes
the beat one carries in the eyes and wears at one's belt
he who leans on that light maybe he knows about night and wine

for in the parks and in this one which is central this of La Habana
the old sit on a bench and light a cigar and look at each other talking about the
                                                              Revolution and Fidel
the old who sit on benches now and take
the sun and take the sun and take the sun
it's a secret for no one
there go two men with a shabby old briefcase
a plump hand a cry in a grey hat
the old people one sees beside a statue
of the apostle Martí in 1966 in december 1966 the year ending and in the hope
of "liberty's anniversary and a homage to the martyrs" yes
to all men who died among the people and to their blood
to take the sun of afternoon in La Habana Cuba free territory of America

he who walks through the park this way this world the bladder of the Revolution
must sigh
and walk slowly and breathe
and walk lightly and sigh and breathe and walk slowly
and give up his whole life
like with rage
                    comrades

                                                                    Nathaniel Tarn

'EL AMOR TAMBIÉN SE DESLIZÁ'

el amor también se desliza por los costados
de las calles
trae peces en sus brazos para ofrecerlos
a la corriente que te señala

oh sueños oh dulzura de rostro
oh palabras como rasgos de amor

pero el amor se encuentra
pero el amor se sumerge en los tejados en
los dedos en los céspedes pero el amor pero
el amor dará un vuelta a través de mis huesos

'LOVE SLIDES DOWN THE SIDES'

love slides down the sides of the
streets too
bringing fishes into your arms to offer them
to the current that defines you

oh dreams oh sweetness of face
oh words like traces of love

but love can be found
but love is plunged in the roofs in
the fingers in the grass but love but
love will walk about across my bones

Tim Reynolds

LOS HERMANOS

a Miguel Barnet y Herberto Padilla

Los hermanos gratísimos
el hermano Quiroga y el hermano Estrada
andarán de la mano
de nube en nube bellos como huracanes

Don Ezequiel toca el violín
(como en un cuadro de Chagall)
Quiroga bebe mate y mientras bebe canta

Tocan y beben como si inventaran
digamos de una forma pura y alucinada
Bailarán toda la muerte mis hermanos
desnudos elementales primitivos

El fuego el agua y el aire
son sus instrumentos

El violín de Don Ezequiel es un río
como el Paraná sólo que más profundo y
con cuerdas

La voz de Quiroga es como el fuego
sólo que más joven es decir
más lucida y transparente
como desnuda digamos

Beben y cantan empezando
como el primer día y a veces solamente
a veces Quiroga llueve sobre Misiones
mientras Don Ezequiel ríe con sus ojillos de
elefante y truena estruendosamente mientras ríe

THE BROTHERS
to Miguel Barnet and Herberto Padilla

The most gracious brothers,
brother Quiroga and brother Estrada,
will leap from one cloud to another
pretty as a pair of hurricanes.

Don Ezequiel plays the violin
(like a picture by Chagall)
Quiroga drinks mate and sings as he drinks.

They play and drink as though they were inventing,
let's say, a pure and perfectly hallucinatory form.
Naked, elemental and primitive,
my brothers will go on dancing all their deaths.

Fire, water and air
are their instruments.

Don Ezequiel's violin is a river
like the Parand, only deeper and
with strings.

Quiroga's voice is like fire
only younger or at least
more lucid and transparent –
more nude, let's say.

They drink and sing as though they were embarking
on the first day of the world and at times,
at times only, Quiroga rains on the Missions
while Don Ezequiel laughs and squints his little
elephant eyes and thunders loudly as he laughs.

Donald Gardner

'CUANDO MI VEJEZ'

'ay amor las tardes me persiguen todavía'
(de una canción de Pablo Milanés)

cuando mi vejez detenga el tiempo cargada de una brisa
que haya perdido el espíritu que conmueve las hojas
que arrase la sequedad de los depósitos vacíos
todo será real para entonces.
no seré el pedazo húmedo que espera sin descanso la llegada del joven dominguero
(ese que acude a la cita convencional
        con el traje lleno de flores silvestres)
mas bien seré como los cuerpos imprecisos
        con el amarillento significado de un libro cualquiera
        tal vez alicia en el país de las ilusiones
un buen hombre apegado al gentío
que conoce el peligro de las calles cuando los automóviles destrozan el viento.
llevaré el pecho roído por tantos cadáveers y memorias:
        mi cabeza en tus hombros imaginarios vestidos de milicia
        yo corriendo por una calle para encontrarte en la feria
        las tardes de las primeras audacias.
cuando mi vejez detenga el tiempo
estas cosas serán como recuerdos o crímenes
la gran puerta amor mío para la resignación.

'WHEN MY OLD AGE'
'O love these evenings persecute me still'
(from a song by Pablo Milanés)

when my old age holds time back, weighed down by a breeze
that has lost the spirit that stirs the leaves
that levels the dust on the empty reservoirs
then all will be real.
I will not be the rotting fragment that tirelessly awaits
the arrival of the elegant young man
(he who keeps the conventional appointment
            his suit covered with wild flowers)
rather will I be as those vague bodies
            with the fading significance of a certain book, perhaps
            alice in wonderland
ordinary, mingling with the crowd
knowing the danger of the streets
            when cars annihilate the wind
bearing my chest gnawed by so many corpses and memories
            my head on your imaginary uniformed shoulders
            running through the streets to meet you at the fair
            those evenings of our first advances
when my old age holds back time
these things will be as memories or crimes
the front door, my love, to resignation

Tom Raworth

'CUANDO MIS PAPELES'

Cuando
mis papeles sean cosas para quemarlas
te invitaré al festín
                        serás el único agasajado
oyendo mi escándalo para celebrar
cuanto se nos ocurra.
pondremos la catedral en la esquina de la puerta
sin negar su carácter de belleza pública
sólo que a esa hora será un poco más nuestra
y habrá personajes heroicos
marchando en fila rigurosa
                        por nuestra conversación.
como siempre
no sabremos qué hacer con las manos
un poco contagiosas del desastre.
no habrá látigo
                        que destruya esa imagen conseguida
a fuego y sangre sin opiniones ni ensayos
sólo con la intuición
                        con la mínima exigencia humana
saltaremos de bruces hacia adentro.

'WHEN MY PAPERS'

When
my papers become things to burn
I'll invite you to the rout
                        you'll be the only one treated
to an earful of my scandalous need to celebrate
whatever comes into our heads.
we'll put the cathedral in the corner of the doorway
without denying its status as a public monument
only at that hour it will be a bit more ours
and heroic characters will come
marching with strict precision
                        through our conversation.
as usual
we won't know what to do with our hands
somehow contagious with disaster.
there will be no whip
                to lacerate the image achieved
by blood and fire without benefit of opinions or practice
alone with our intuition
                        with the least human want
we'll jump inside head first.

Anthony Kerrigan

133

'ANA'

Ana
naciste
y ya se puede leer en cada uno de tus costados
una declaración de guerra
Ya naciste
y tienes sobre las nalgas
una postal pornográfica
y un cohete presto a partir desde tu cabeza
Naciste
(22 de junio de 1966)
y ya tienes en medio de la espalda
el orificio por el cual entrará la bala
Te lego un grito
un ansia
un libro de Kafka
y este poema
Con ellos harás tu parte
andarás lo andado
allí donde morí aplastado por un alud de aspirinas
morirás tú
más acá
donde fui envenenado por la prensa
sentirás este mareo horrible que produce la *Selecciones*
Te lego también una muerte diaria
un amor invisible
un fuerte deseo de no ser
una madre ahogada (por la fuerza) en un charco de Coca-Cola
Puedes darte el lujo de ser mi enemiga
de lanzarme
cuando por descuido levante la cabeza
una montaña de planillas y códigos
y puedes también
si así lo deseas
sentarte a morir con un padre muerto hace 300 millones de años
cuando Dios era joven que se paseaba desnudo por la playa
cantando aquellas canciones ya más que olvidadas.

De chico deseaba morir para ir al cielo
y sostener durante tres horas una conversación con los Reyes Magos
("En la vida hay que ser responsables, recuérdalo")
Ahora no quiero nada
nada he dado y nada tengo
hablo
hablamos
agonizamos
nos tomamos de la mano y nos suicidamos un millón de veces
y otro millón de veces volvemos a nacer
"Estoy cansado", te digo
"tres siglos de fatigas no caben en un rostro"
y me contestas con un grito agudo
con un grito idéntico
insoportable

'ANNA'

Anna
born and
legible down each flank
a declaration of war
Born with
a dirty postcard
across your rump a
rocket counting down in your head
Born
(22 June 1966)
with an orifice ready prepared in the
middle of your back for the bullet
I deed you a scream
a longing
a book of Kafka's
this poem
with this will do what you must
will burn past transactions
there where I died crushed by an avalanche of aspirins
you will die
closer yet
where I was poisoned by mass media
will feel the seasickness of the Reader's Digest
I deed you one death per day
an invisible love
a distinct desire to not be
a mother drowned (by force) in a puddle of Coca-Cola
You may if you wish be my enemy
discarding me
when a mountain of codified petitions happens
to raise its head
and if you choose to have it so
share death with some father gone 300 million years
when God was just a kid who wandered
naked along the beach
singing songs now more than forgotten.

When I was a kid I wanted to die and go to heaven
to talk with Santa Claus for maybe three hours
("You've got to be responsible in this life, remember that")
Now I love nothing
have given nothing have nothing
I
we
are dying
drink from our hands and destroy ourselves a million times a day
and are born again each time
I can't cram three centuries of tiredness into my one face
and you say with that hard laugh
with that same
unbearable cry

Somos un desmoronamiento continuo
(somos Haydée y Lolo
los del grupo
los "troskistas"
"nihilistas"
"existencialistas"
los que se engañan a sí mismos
los que se quieren y no
Haydée y Lolo)
Te veo sonriendo y me pregunto cómo es que aún somos
cómo es la existencia
Te veo
viva o muerta
ausente
te veo como me veo a mí
y me pregunto qué se han hecho aquellas noches de verano en Artemisa, aquel
pueblito de niños, perdido
qué se han hecho todos aquellos mis suenos
por qué
pero tú no sabes nada
de miedo te abrazas a mí creyendo quererme
y me gritas me empujas me golpeas
pero yo tampoco sé nada
Al final nos tiramos al mar
y con el agua hasta el cuello comenzamos a cantar con todas nuestras fuerzas
a escupirles palabras a los que pasarán
a los pasados
pero tú y yo
(sobre todo yo)
sabemos (sé) que todo es inútil.

We are a continual disintegration
(are Haydee and Lolo
of The Group
Trotskyites

          Nihilists

                    Existentialists

the ones who fool
themselves love
one another not
Haydee and Lolo)
You're smiling, I see you, I wonder
how we are now, still, how is
existence, does it exist
Alive or dead
I see you
absent
as I see myself
and I wonder what have they done to you, those summer nights in Artemisa, that
                                        cluster of children, lost,
what have they done to you my dreams
and why
but you don't know
believing you love me you hold me out of fear
and shout at me shove me hit me
but I know nothing too
And we throw ourselves in the sea at last
and when it's up to our necks we start to sing at the top of our voices
spitting the words at whoever walks past
but you and I
(me mostly)
know (you, me) that it won't work.

                                            Tim Reynolds

'SI UD. SE LEVANTA'

Si Ud. se levanta
un día por la mañana
y escucha en la radio la noticia de los niños muertos en Viet-Nam
o en Venezuela
o en donde sea
y escucha también
la noticia de los aviadores muertos
por error
por un desperfecto del aparato
—digamos, un tornillo—
y la noticia de los muertos durante un bombardeo
—por error, no era esa la zona—
y la noticia del barco que se hundió con sus quinientos pasajeros
porque se rompió el radar y chocó contra un iceberg
y escucha también
¿ por qué no ?
la noticia de los niños deformes por tal o cual droga
y escucha
y comprende
y ve
que en treinta países hay guerra
que en treinta países se matan unos a otros
que en treinta países las gentes tienen miedo de salir a la calle
miedo de quedarse en casa
miedo del hijo y de la madre
Si Ud sintoniza la radio una mañana
y comprende que de un momento a otro le puede caer una bomba
en la cabeza
no
se
asuste
vaya
y
desayune
como siempre
como cinco años atrás
como diez años atrás
no es otra cosa que el fin del mundo
un fin patético y grotesco
un fin
con el cual Ud mismo ha cooperado.

'IF YOU GET UP'

BY EDWARDO LOLO (1945)

If you get up
Some morning
And hear from the radio of the dead children of Vietnam
Or of Venezuela
Or of whatever country
And hear as well of the deaths of airplane pilots
Dead from an error
From a faulty apparatus
–A screw, maybe–
And the corpses counted in the air-raid
–A mistake; that wasn't a war zone–
And news of the ship that sank with 500 passengers
Because its radar blinked out and it hit an iceberg
And you also hear
(And why not?)
Of the infants deformed by one or another drug
And you hear
And understand
And see
The war in thirty countries
Thirty countries where one man kills another
Thirty countries where people are afraid to go into the streets
And are afraid to stay in their houses
Afraid for the sons and the mothers
And if you turn on the radio one morning
And understand that any minute the bombs might fall
Do
Not
Be frightened
But go
To breakfast
As always
As it was five years ago
It's nothing but the end of a world
Pathetic and grotesque
An end
That you yourself have made

Stephen Schwartz

FELIX PITA RODRÍGUEZ
  Because We Love Life: EL CORNO EMPLUMADO, 23, ed. S. Mondragón and M. Randall, Mexico D. F., 1967, pp. 125–129.

JOSÉ LEZAMA LIMA
  'Tell Me, Ask Me': POÉSIE CUBAINE 1959–1966, ed. Heberto Padilla & Luis Suardíaz, Instituto del Libro, Havana, 1967, pp. 130–32.
  An Obscure Meadow Lures Me: J. L. Lima, ORBITA DE LEZAMA LIMA, Colección Órbita Unión, Havana, 1966, p. 74.
  Summons Of The Desirer: ORBITA DE LEZAMA LIMA, pp. 91–92.

SAMUEL FEIJÓO
  On The Death By Fire Of Gladys, The Girl Of The Canaries: SER FIEL, Universidad Central de las Villas, Las Villas, 1964, pp. 168–69.
  The Song Of Man At Death: POÉSIE CUBAINE 1959–1966, p. 164.

ELISEO DIEGO
  The Whole Ingenuous Disguise, The Whole Of Happiness: E. Diego, EL OSCURO ESPLENDOR, Cuadernos Girón, Havana, 1966, p. 13.
  Fragment: EL OSCURO ESPLENDOR, p. 16.
  On This Single, This One And Only Afternoon: EL OSCURO ESPLENDOR, p. 35.
  Difficulties Of An Equilibrist: CORNO EMPLUMADO, 23, p. 62.

CINTIO VITIER
  The Dispossessed: C. Vitier, ESCRITO Y CANTADO, Havana 1050, pp. 10–11.
  The Light On Cayo Hueso: ESCRITO Y CANTADO, pp. 52–53.
  Nicodemus Speaking: ESCRITO Y CANTADO, pp. 26–27.

FINA GARCÍA MARRUZ
  Noon: F. G. Marruz, LAS MIRADAS PERDIDAS, Havana, 1951, pp. 196–97.

LUIS MARRÉ
  'I Had In My Hand': L. Marré, LOS OJOS EN EL FRESCO, Ediciones Revolución, Havana, 1963. p. 71.
  'And There Was Also A Ranch In Hell': LOS OJOS EN EL FRESCO, pp. 91–93

PABLO ARMANDO FERNÁNDEZ
  Birth Of Eggo: P. A. Fernández, LIBRO DE LOS HÉROES, Colección Concurso, Casa de las Américas, Havana, 1963, pp. 15–16.
  Surrender Of Eshu: LIBRO DE LOS HÉROES, p. 33.
  Islands: CORNO EMPLUMADO, 23, pp. 42–44.
  From Man To Death: CORNO EMPLUMADO, 23, pp. 46–48.

FAYAD JAMÍS
  The Milky Way: CORNO EMPLUMADO, 23, pp. 52–53.
  Poem In Nanking: CORNO EMPLUMADO, 23, pp. 52–55.
  Shut Up You Shit: MARGEN, Nos 3–4, Paris, 1967, p. 206.

ROBERTO FERNÁNDEZ RETAMAR
  How Lucky They Are, The Normal Ones: CORNO EMPLUMADO, 23, pp. 34–35.
  A Man And A Women: CORNO EMPLUMADO, 23, pp. 36–37.
  Being Asked About The Persians: R. F. Retamar, POESÍA REUNIDA, Bolsilibros Unión, Havana, 1966, pp. 318–20.

PEDRO DE ORAÁ
  New Poetics: P. de Oraá, LA VOZ A TIERRA, Cuadernos Unión, Havana, 1965, pp. 77–78.

HERBERTO PADILLA
  The Hour: CORNO EMPLUMADO, 23, pp. 116–21.
  Like An Animal: H. Padilla, EL JUSTO TIEMPO HUMANO, Contemporáneos Unión, Havana, 1962, p. 123.
  The Old Bards Say: UNIÓN, Unión de Escritores Y Artistas de Cuba, Havana, Year VI, No. 4 (Dec.), 1967, p. 123.

RAFAEL ALCIDES
  'This Is Not A Letter To Be Opened': R. Alcides, LA PATA DE PALO, Contemporáneos Unión, Havana, 1967, p. 57.
  'All That Winter, All That Spring': LA PATA DE PALO, pp. 56–57.
  A List Of Things Hands Can Do: LA PATA DE PALO, pp. 71–73.

CÉSAR LÓPEZ
  'I Can't Talk About Him': CORNO EMPLUMADO, 23, pp. 128–29.
  'When A Man Dies': C. López, SILENCIO EN VOZ DE MUERTE, Ediciones Unión/Poesía, Havana, 1963, p. 18.
  'What Happened To Her': C. López, PRIMER LIBRO DE LA CIUDAD, Contemporáneos Unión, 1967, pp. 57–59.

MANUEL DÍAZ MARTÍNEZ
  Ophelia In The Rain: M. D. Martínez, EL PAÍS DE OFELIA, Ediciones Revolución, Havana,
  p. 35.
  Ancient History: EL PAÍS DE OFELIA, pp. 43–44.

LUIS SUARDIAZ
  Best Sellers: L. Suardiaz, HABER VIVIDO, Contemporáneos Unión, Havana, 1966, p. 34.
  Found: HABER VIVIDO, p. 35.
  Today, The Twelfth Of September, In Cordoba: CORNO EMPLUMADO, 23, pp. 60–61.

FELIX GUERRA
  This Is The Century I Love: UNIÓN, Year VI, No. 3 (July-Sept.), 1967, p.31.

MIGUEL BARNET
  Epitaph: CORNO EMPLUMADO, 23, pp. 20–21.
  Errata: CORNO EMPLUMADO, 23, pp. 22–23.

DAVID FERNÁNDEZ
  Inventory: D. Fernández, LA ONDA DE DAVID, Contemporáneos Unión, Havana, 1967,
  pp. 107–108.
  Camagüey, 30 November 1966: LA ONDA DE DAVID, pp. 104–106.

ISEL RIVERO
  Newspaper Item: CORNO EMPLUMADO, 23, p. 84.

ORLANDO ALOMÁ
  The Militant Angel: CORNO EMPLUMADO, 23, pp. 74–75.

GERARDO FULLEDA LEÓN
  A Man: CORNO EMPLUMADO, 23, pp. 96–97.

BELKIS CUZA MALÉ
  Deadly Woman: POÉSIE CUBAINE 1959–1966, p. 828.
  Thus The Poets In Their Sad Likenesses: UNIÓN, Year VI, No. 4, pp. 243–44.

GUILLERMO RODRÍGUEZ RIVERA
  Vita Nuova: UNIÓN, Year VI, No.3, p. 39.

VICTOR CASAUS
  Epitaph For God: V. Casaus, TODOS LOS DÍAS DEL MUNDO, Cuadernos de Poesía, No.
  18, Havana, 1966, p. 26.
  A Story: TODOS LOS DÍAS DEL MUNDO, p. 35.
  Advertisement: TODOS LOS DÍAS DEL MUNDO, p. 51.

FROILÁN ESCOBAR
  Worries: UNIÓN, Year VI, No. 3, p. 29.

NANCY MOREJÓN
  'Love Slides Down The Sides': CORNO EMPLUMADO, 23, pp. 82–83.
  Some People/Central Park/3.00 P.M.: POÉSIE CUBAINE 1959–1966, p. 866.

LUIS ROGELIO NOGUERAS
  The Same As Ever: L. R. Nogueras, CABEZA DE ZANAHORIA, Cuadernos Unión. Havana,
  1967, p. 19.
  The Brothers: CABEZA DE ZANAHORIA, pp. 49–50.

LINA DE FERIA
  'When My Old Age': CORNO EMPLUMADO, 23, p. 92.
  'When My Papers': L. de Feria, CASA QUE NO EXISTÍA, Cuadernos Unión, Havana,
  1967, p. 33.

EDUARDO LOLO
  'Anna': CORNO EMPLUMADO, 23, pp. 100–103.
  'If You Get Up': CORNO EMPLUMADO, 23, pp. 104–105.

This first edition has been designed, printed and published by Cape Goliard Press, 10a Fairhazel Gardens, London N.W.6.

Printed in Great Britain.

Cover by Barry Hall.